A SISTEMÁTICA

EM MISSÕES

INTRODUÇÃO.

Resolvemos neste livro falar um pouco da Teologia Sistemática em Missões, não é um estudo teológico em si, mas um resumido material que vai ajudar ao missionário na sua busca do conhecimento antes ou depois de estar no campo missionário. Entendemos que, quanto mais conhecimento estiver do assunto mais preparado ficará no campo missionário.

Será mais bem desenvolvida a mensagem evangelística transmitida por aquele que tem mais conhecimento. Vamos abordar assuntos relacionados a temas específicos para o dia a dia do missionário. Esse material fará com que o missionário em seu campo de trabalho tenha uma visão mais a profundada em seu território de evangelismo, ele terá a oportunidade de dialogar com seu evangelizado sobre assuntos definidos como doutrinas para a salvação do homem, sobre Jesus, Deus, Espirito Santo, pecado e sobre o próprio homem.

Caro Leitor você verá que este material é de suma importância para que o seu preparo continue eficaz e cheio de esperança na salvação do ser humano.

Deus te abençoe.

Capitulo 1

COMPARATIVAS DE RELIGIÕES:

O QUE A BÍBLIA DIZ E QUE NÓS ACREDITAMOS:

Neste capitulo iremos apresentar alguns fundamentos religiosos.

Nome: Cristianismo Bíblico (NT-Bíblia Sagrada) (At.11:26); **Fundador: Jesus Cristo,** filho de Deus Bendito (1 Co.3:11); Mensagem: Jesus morreu p/salvar pecadores(1Co.15:3-8); Igreja: Formada por aqueles que são salvos (1 Co.1:2); Deus: É a Trindade - três pessoas em um Deus. (Mt.28:19; Jesus: 2ª pessoa da Trindade, filho de Deus-Pai (1Jo.5:11-14); Salvação: Pela Graça, através da Fé só em Jesus. (At.15:11); Ressurreição: Jesus subiu no corpo que morreu; (At.1:9); Escrituras: Bíblia - única Palavra de Deus (66 livros) (2 Tm.3:16).

Nome do grupo: Catolicismo Romano; Fundador: Jesus, sobre a pedra que é Pedro (considerado como primeiro Papa); Mensagem: Sacramentos, caridade, culto a Maria e aos "Santos"; Igreja: Os membros da Igreja Católica Apostólica Romana; Deus: Trindade três pessoas em um Deus; Jesus: Deus em carne. 2ª pessoa da Trindade; Salvação: Fora da Igreja Católica Apostólica Romana não há Salvação; Ressurreição de Jesus: Sim; Escrituras: A Bíblia (+ 7 livros apócrifos) + a tradição (Dogmas).

Nome do grupo: Legião da Boa Vontade – LBV; Fundador: Alziro Zarur, 04-03-1949. Mensagem: Assim como Jesus, todos poderão alcançar a perfeição após muitas reencarnações. Igreja: Todos são cristãos independentes da religião; Deus: Impessoal;

Jesus: Não é Deus nem teve corpo humano; Salvação: Através da caridade e reencarnações sucessivas; Ressurreição de Jesus: Não; Escrituras: Livros da LBV.

Nome do grupo: Espiritismo Kardecista; Fundador: Dr. Hippolyte Léon Denizard Rivail, vulgo Allan Kardec (1857); Mensagem: Assim como Jesus, todos poderão alcançar a perfeição após muitas reencarnações. Igreja: O Espiritismo é a Igreja restaurada e o Consolador prometido por Jesus; Deus: Não é Pessoa; Jesus: Não é Deus nem teve corpo humano; Salvação: Através da caridade e por reencarnações sucessivas; Ressurreição de Jesus: Não; Escrituras: Livros de Allan Kardec e outros.

Nome do grupo: Testemunhas de Jeová; Fundador: Charles Taze Russell (1852-1916) Fundada em 1881; Mensagem: Jesus abriu a porta para conquistarmos nossa salvação; Igreja: 144.000 ungidos que irão para o céu. Deus: Jeová, que é uma só Pessoa; Jesus: Não é Deus; é o Arcanjo Miguel, a primeira e única criatura de Jeová. Salvação: Obedecendo as ordens da Sociedade Torre de Vigia; Ressurreição de Jesus: Não; Escrituras: Bíblia deles (Tradução do Novo Mundo) + literaturas dos líderes.

Nome do grupo: Maçonaria; Fundador: Anderson e Desagulliers (Londres, 1717); Mensagem: Buscar o próprio aperfeiçoamento; **Igreja: —; Deus:** Impessoal como força superior; Jesus: Um grande mestre semelhante a Buda, Maomé, e etc. **Salvação:** "Erguer templos à virtude e cavar masmorras aos vícios". **Ressurreição de Jesus: Não; Escrituras:** Rituais e manuais secretos.

Nome do grupo: Adventistas do Sétimo Dia; Fundador: Ellen Gould White (1860); Mensagem: Crer em Jesus e observar a Lei; Igreja: Somente os adventistas; Deus: Trindade: três pessoas em um Deus; Jesus: Deus em carne. 2ª pessoa da Trindade; Salvação: Guardando o sábado e os mandamentos; Ressurreição de Jesus: Sim; Escrituras: Bíblia e livros de Ellen White.

Nome do grupo: Mormonismo; Fundador: Joseph Smith (1805-1844) fundado em 1830; Mensagem: Alcançar a divindade pelas ordenanças do evangelho mórmon; Igreja: Membros da Igreja de Jesus Cristo dos Santos dos Últimos Dias. Deus: Tríade 3 deuses; Jesus: Não é Deus. É irmão de Lúcifer e dos homens; Salvação: Salvação pelas boas obras da igreja mórmon; Ressurreição de Jesus: Sim; Escrituras: À Bíblia Livro de Mórmon, Doutrina e Convênios, Pérola de Grande Valor.

Nome do grupo: Teosofia; Fundador: Madame Helena Blavatsky (1831-1891) fundada em 1875; Mensagem: — Igreja: —; Deus: Deus é um princípio; Jesus: Um grande Mestre; Salvação:—Ressurreição de Jesus: Não; Escrituras: A Doutrina Secreta, Isis sem Véu, A Chave para a Teosofia e A Voz do Silêncio.

Nome do grupo: Ciência Cristã; Fundador: Mary Baker Eddy (1821-1910); Mensagem: Crenças religiosas extraídas dos ensinos de Jesus. Rejeitam a expiação; Igreja: Uma coletânea de idéias espirituais ; Deus: É uma presença Impessoal Universal; Jesus: Um homem afinado com a consciência divina; Salvação: Pensamento correto; Ressurreição de Jesus: Não; Escrituras: Ciência e Saúde com Chave para as Escrituras, Miscelânea.

Nome do grupo: Unitarismo; Fundador: Charles Filmore (1854-1948) fundado 1889; Mensagem: Os princípios gerais do Unitarismo; Igreja: Uma coleção de idéias espirituais; Deus: Força Universal Impessoal; Jesus:Um homem, não o Cristo; Salvação: Adotando a correta Unidade através de princípios; Ressurreição de Jesus: Não; Escrituras: Revista Unitarista, Dicionário Bíblico de Metafísica.

Nome do grupo: Moonismo; Fundador: Sun Myung Moon (1920); Mensagem: Moon é o Rei dos reis, e Senhor dos senhores, e o Cordeiro de Deus. Igreja: Igreja da Unificação; Deus: Deus é tanto positivo como negativo. Não há Trindade. Deus precisa de Moon para fazê-lo feliz; Jesus: Jesus foi um homem perfeito, não Deus. Jesus falhou em sua missão. Moon vai completar sua obra; Salvação: Obediência e aceitação dos verdadeiros pais (Moon e sua esposa); Ressurreição de Jesus: Jesus não ressuscitou fisicamente; Escrituras: Princípio divino por Sun Myung Moon, Esboço do Princípio, Nível 4 e a Bíblia.

Nome do grupo: Cientologia; Fundador: Ron Hubbard (1954); Mensagem: Todos são ""thetans"", espíritos imortais com poderes ilimitados; Igreja: — Deus: Rejeita o Deus revelado na Bíblia. Raramente mencionado. Jesus:Jesus não morreu pelos pecados de ninguém; Salvação:Salvação é a libertação da reencarnação. Ressurreição de Jesus:— ; Escrituras: Dianética: A Ciência Moderna da Saúde Mental, e outros de Hubbard, e A Chave para a Felicidade.

Nome do grupo: Meninos de Deus; Fundador: Daniel Brandt Berg (1968); Mensagem: Desistir de tudo para seguir a Jesus. Já usaram a prostituição para atrair novos adeptos; Igreja: Família do Amor; Deus: Pai, Filho e Espírito Santo, mas não Trindade ; Jesus: Foi uma criação de Deus. Salvação:—; Ressurreição de Jesus: —; Escrituras: Cartas MO - cartas escritas por David "Moses" Berg. Mesmo nível de inspiração do Antigo e Novo Testamento.

Nome do grupo: Nova Era; Fundador: — Mensagem: Todos são deuses e só precisam se conscientizar disso; Igreja: —; Deus: Deus é uma força impessoal ou princípio, não uma pessoa. Tudo e todos são Deus; Jesus: Não é o verdadeiro Deus nem Salvador, mas um mestre elevado; Salvação: O mau carma tem que ser compensado com bom carma; Ressurreição de Jesus:Jesus não ressuscitou fisicamente, mas subiu a um nível espiritual mais alto; Escrituras: Escritos I Ching, hindus, budistas, taoístas, crenças americanas nativas e magia em geral.

Nome do grupo: Hinduísmo; Fundador: — Mensagem: O homem deve se conformar com sua condição para alcançar uma vida melhor na próxima encarnação Igreja: - Deus: O Absoluto. Um espírito universal (Brahman). Vários deuses são manifestações dele; Jesus: É um mestre ou avatar (uma encarnação de Vishnu). Ressurreição de Jesus: Sua morte não foi expiatória; Salvação: Libertação dos ciclos de reencaranção, e absorção em Brahman alcançadas através da Yoga e meditação. Ressurreição Escrituras: Vedas, Upanishads, Bhagavad Gita de Jesus.

Nome do grupo: Budismo Fundador: Buda (Siddartha Gautama em 525 a.C.). Mensagem: O alvo da vida é o Nirvana para escapar do sofrimento Igreja: — Deus:Não existe. Buda é considerado por alguns como uma consciência universal iluminada Jesus: —; Salvação: O Nirvana (inexistência) que pode ser alcançado seguindo-se o Caminho das Oito Vias; Ressurreição de Jesus: —; Escrituras: A Tripitaka (Três Cestos),que têm mais de100 volumes.

Nome do grupo: Islamismo Fundador: Maomé (610 d.C.) Mensagem: Só Allah é Deus e Maomé o seu profeta; Igreja: —; Deus: Alá, um juiz severo. Não é descrito como amoroso É um dentre mais de 124 mil profetas enviados por Deus a várias culturas. Jesus: Não é Deus, não foi crucificado, voltará para viver e morrer; Salvação: O equilíbrio entre as boas e más obras determina o destino eterno no paraíso ou no inferno; Ressurreição de Jesus:Não ressuscitou, porque não morreu. Escrituras: Corão e Hadith. A Bíblia é aceita, mas considerada corrompida.

Nome do grupo: Judaísmo Fundador: Deus (o Eterno), através de Abraão, formou o povo escolhido; Mensagem: O Eterno é o único Deus Igreja: — Deus: O Eterno, chamado de Jeová ou Iavé; Jesus: Simples judeu Salvação: Obediência à Lei e aos Mandamentos; Ressurreição de Jesus: Negam; Escrituras: Tanach (o Velho Testamento), dividido em Lei, Profetas e Escritos

Nome do grupo: Umbanda Fundador: — Mensagem: Solução de problemas imediatos com a ajuda dos espíritos. Igreja: — Deus: Zambi é único, onipotente, irrepresentável, adorado sob vários nomes; Jesus: Oxalá novo. Salvação: Prática de caridade material e espiritual como meio de evolução cármica; Ressurreição de Jesus:— Escrituras: Tradição oral.

Nome do grupo: Candomblé Fundador: Primeiro templo erguido na Bahia, na primeira metade do século XIX; Mensagem: Dança religiosa de origem africana através da qual as pessoas homenageiam seus orixás; Igreja: — Deus: Olodumarê, criador de todas as coisas, eterno e todo-poderoso; Jesus:—Salvação: Ao morrer o candomblecista vai para o Orum (nove céus sob o comando de Iansã) Ressurreição de Jesus:—; Escrituras: Tradição oral.

Nome do grupo: Ateísmo Fundador: — Mensagem: A evolução é um fato científico, portanto ética e moral são relativas Igreja: — que não pode ser provado cientificamente Deus: Não há Deus ou diabo, uma vez Jesus: Jesus foi um mero homem; Salvação: Não há vida após a morte; Ressurreição de Jesus: Não há ressurreição, pois não existem milagres; Escrituras. Não.

CAPITULO 2

DEUS NOMENCLATURA NO ANTIGO TESTAMENTO EM HEBRÁICO (NOME DE DEUS):

Agora que falamos sobre algumas religiões iremos conhecer um pouco de Deus.

* **Myhla 'elohiym** - plural - o (verdadeiro) Deus (Gn. 1:1);

* **hwhy Y@hovah** - Javé =" Aquele que existe"; o nome próprio do único Deus verdadeiro; nome impronunciável. (Gn.2:4);

* **ynda 'Adonay** - Senhor-título, usado para substituir Javé como expressão judáica de reverência (Gn.15:2);

NOMENCLATURA NO NOVO TESTAMENTO EM GREGO (NOME DE DEUS):

* **yeov theos** - A divindade suprema; Deus. (Mt. 1:23);

* **kuriov kurios** – (supremacia) - aquele a quem uma pessoa ou coisas pertence sobre o qual ele tem o poder de decisão; Mestre, Messias. (Mt.1:20).

IDÉIAS SOBRE A REALIDADE DE DEUS: COSMOVISÃO:

Há várias maneiras pelos quais as pessoas podem entender a vida, influenciando a maneira pelo qual a pessoa pode ver Deus, origens, mal, natureza humana, valores e destino. Cada uma é singular, pois seus conceitos são exclusivos. Apenas uma cosmovisão pode ser verdadeira:

☐ ☐ Deus é um ser infinito e pessoal (1 Co.8:6);

☐ ☐ O mundo foi criado e é finito (Sl.89:11);

☐ ☐ Deus é além do mundo e atua no universo (Rm.1:25);

☐ ☐ Os milagres são possíveis e reais (Hb.2:4);

☐ ☐ Possuímos alma imortal e corpo mortal (1 Co.15:54);

☐ ☐ No destino humano haverá julgamento com recompensas para os justos e juízos para os ímpios (1 Pe.4:17);

☐ ☐ A origem do mal implica nosso livre arbítrio (Gn.2:17);

No fim, o mal será derrotado por Deus (Ap.3:21);

A base de toda ética é baseada em Deus (2 Co.1:12);

A natureza da ética de Deus é absoluta (Ml.3:6);

Na história e seus objetivos, ela é linear, proposital e determinada por Deus (Is.14:26).

ARGUMENTO COSMOLÓGICO:

A ciência exige uma causa para todo efeito:

A causa do sem fim é a existência do infinito;

A causa da eternidade é a existência do Eterno;

A causa do espaço ilimitado é a onipresença;

A causa do poder é a onipotência;

A causa da sabedoria é a onisciência;

A causa da personalidade é o pessoal;

A causa das emoções é o emocional;

A causa da vontade é a evolução;

A causa da ética é a moral;

A causa da espiritualidade é o espiritual;

A causa da beleza é a estética;

A causa da retidão é a santidade;

A causa do amar é o amor;

A causa da vida é a existência;

□□A causa de tudo se concentra em Deus.

A REVELAÇÃO DE DEUS:

DOIS TIPOS: (Natural ou Geral) e (Especial ou Sobrenatural)

Deus é o "mysterium tremendum", mistério fascinador, oculto e desconhecido (At.17:23), mas a história humana é o registro das ações de Deus no tempo (At.17:26), pois Deus domina sobre todos os homens (Dn.4:17), num plano e propósitos divinos para o Reino de Deus na terra (Dn.2:7). Se Deus não se revelar, o homem não pode conhecê-lo. Ele é incompreensível; só o Espírito Santo conhece suas profundezas. Deus deseja que o homem o conheça, o adore e viva em sua comunhão.

REVELAÇÃO NATURAL OU GERAL

A criação pode nos revelar a existência de Deus: Deus é o Criador; é uma norma para a sociedade e meio de condenação (Insuficiente porque o pecado adulterou a fé humana-(Rm.1:19-20). - Nas Artes: Deus se revela nas artes pois Deus é belo e fez um belo mundo e criou seres para apreciarem essa beleza. O homem é apenas um "subcriador", dotados de dons criativos que revelam algo de sua natureza maravilhosa. - Na Música: Deus se revela na música pois os anjos o louvam (Jó.38:7;Is.6:3;Ap.4:8; Ap.5:12). A voz humana é um instrumento musical criado por Deus e também os anjos, foram criados para louvar a Deus (Sl.150:3-5; Ap.8:2; Ap.14:2). A música manifesta a glória de Deus, bem como a criação. - Na Natureza: A revelação geral revela Deus como criador, mas não revela o redentor, narrando apenas a grandeza de Deus (Sl.8:1; Is.40:12-17). Ela é ampla, revelando as verdades da ciência, história e matemática, pelas leis da natureza e também é essencial para a razão humana pelo questionamento dos fatos da vida. - Nos governos: Ademais, a revelação geral de Deus (Criação) é essencial a governo humano pois apesar de nem todas as sociedades estarem debaixo da lei judaica, estão embaixo das leis universais que regem a natureza.

REVELAÇÃO ESPECIAL OU SOBRENATURAL

A revelação especial nos revela a teologia cristã: Deus é o redentor; é uma norma para a igreja e meio para salvação. A Bíblia é a norma para todo o ensinamento cristão, revelando a graça redentora de Deus e a mensagem da salvação, explicando o acesso do homem a Deus. Tanto as revelações gerais como especiais são necessárias, pois Deus se revelou em sua Palavra e no mundo.

A verdade é encontrada tanto na Bíblia quanto na ciência, mas temos que distinguir a interpretação bíblica e a do leitor. As revelações de Deus na Palavra e no mundo nunca se contradizem, pois a Bíblia é inerrante.

DEFINIÇÃO DE DEUS NA TEOLOGIA:

Deus é o Ser Supremo Espírito Infinito, Eterno, Imutável em seu Ser, Sabedoria, Poder, Santidade, Justiça, Bondade, Verdade e Amor, Único, Perfeito, Criador e Sustentador do universo, Pessoal e subsiste em três Pessoas ou Distinções: Pai, Filho e Espírito Santo.

DEFINIÇÃO BÍBLICA DE DEUS:

Deus é testemunha entre os homens (Gn.31:50); zeloso (Dt.4:24); misericordioso (DT.4:31); único (Dt.6:4); grande e poderoso (Dt.10:17); perfeito, verdadeiro, justo e reto (Dt.32:4); salvador (2 Sm.22:3); excelso em poder (Jó.36:22); misterioso e eterno (Jó.36:26); justo juiz (Sl.7:11); bem presente (Sl.46:1); santo (Sl.99:9); a verdade real e eterna (Jr.10:10); Espírito (Jo.4:24); Fiel (2 Co.1:18); Poderoso (2 Co.9:8); único (Gl.3:20); Amor (1 Jo.4:8); é verdadeiro em seu Filho Jesus Cristo, o verdadeiro Deus e a vida eterna. (1Jo.5:20).

EVIDÊNCIAS DE DEUS: (Argumentos de sua existência):

a) Impulsionador Primário: Se tudo é energia, só Deus criou a força para iniciar esta energia geradora de toda a vida.

b) Cosmológico: Existe um universo em vez de não haver nenhum, que deve ter sido causado por algo, além de si mesmo e que precisa continuar existindo; assim, se teve princípio, teve causa e assim só Deus criou esta 1a matéria.

c) Possibilidade: Todas as partes do universo dependentes entre si e assim, dependem da existência de um ser independente; Deus.

d) Axiológico (grego Áxios-Valor): Deus entende a vida complexa de todos nós, como a complexidade psico- cerebral.

e) Teleológico (grego Telos-Finalidade, Propósito):O Universo é um grande projeto complexo, tendo complexidade (muito cheio de elementos) e especificidade (características nítidas e constantes).

f) Ontológico (grego Ontos- realidade, ser perfeito):Deus é um ser absolutamente perfeito; como a existência é uma perfeição, Deus existe.

g) Eficácia da Razão: Razão admite Deus; é irracional pensar que tudo foi feito ao acaso se na vida tudo há propósito.

h) Moral: Moral vem dEle (Rm.2:12-15)-Leis morais implicam um legislador moral; como há uma lei moral objetiva, há um legislador moral que é Deus.

i) Religiosa: Seres humanos precisam de Deus; os que os seres humanos precisam existe; logo, Deus realmente existe.

j) Autoridade: Existência de líderes; Se há a presença de líderes e de liderados, isso reflete que há um líder maior, Deus.

k) Experiência: Cura, milagre; Curas e milagres em todo o mundo, evidenciam a operação de Deus (realizar milagres.)

l) "consensus gentium":Opinião popular; se numa comunidade, pessoas de diferentes padrões atestam, há evidência.

m) felicidade cristã: Senso de Confiança. Testemunhos de pessoas transformadas evidenciam Deus em suas vidas.

n) Argumento da Alegria: Todo desejo tem um objeto real de satisfação; os seres humanos têm um desejo inato e natural pela imortalidade; assim, há uma vida imortal após a morte e consequentemente, a presença de Deus, juiz.

RELAÇÃO NO MUNDO:

Visão correta: TEÍSTA/MONOTEÍSTA: Há um Deus e somente um único Deus, que é Ele mesmo, em sentido absoluto: Há 3 religiões monoteístas: Judaísmo, Cristianismo e Islamismo.

Criação e Providência.

1) Deus por seu poder e bondade infinitos, criou o mundo do nada, sem perda de sua substância, deu existência ao mundo;

2) que não abandonou, depois de criá-lo; continua a influir em todo momento sobre ele, com sabedoria e amor, conservando e dirigindo no sentido dos fins dados na ordem da criação.

Imanência e Transcendência:

a) Deus está unido ao mundo que criou;

b) dele se distingue em real independência de Deus, ser infinito, pessoal, autônomo, inteligente e livre, distinto do universo que criou, o conserva e o dirige.

MANEIRAS DE SE REVELAR:

a) Teofanias(manifestações)-Deus próximo, entre anjos, fogo, nuvem, fumaça, zéfiro suave(voz mansa) e Anjo do Senhor(2a.pessoa da trindade);

b) Comunicações diretas (auto-revelação):Voz audível, Urim e Tumim (peças da roupa do Sumo-sacerdote), sonho, revelação, visão e pelo Espírito Santo.

c) Milagres (experiência mística): poder de Deus em situações especiais: Maná, sarça ardente, abertura do Jordão;

d) Escrituras: revelando aspectos de Deus e sua obra;

e) Abordagens: racionais (reflexão); intuitivas (idéias) ou filosóficas (ver a natureza).

SUA NATUREZA ESSENCIAL:

1) Puramente espiritual de infinitas perfeições (3 elementos): * Deus é puramente Espírito (Jo.4:24) auto- consciente, auto- determinativo, sem corpo limitado, não visto por nossos sentidos.

2) Pessoal: tem personalidade, inteligência, moral e racional, através de suas ações: vai, vem, sustenta prova, conversa e dá vitória; revelação mais elevada em Cristo;

3) Infinitamente Perfeito: distinguível de todos sem limites, exaltado; sua essência e propriedade são uma, nada se acrescenta a seus atributos que dão essência plena de si.

ATRIBUTOS DE DEUS (Características Exclusivas):Divide-se em três Tipos:

1) Incomunicáveis, absolutos ou metafísicos: (Não humanos):

□ □Simplicidade(não composto de partes)-Jo.4:24

□ □Unidade(indivisível e uno)-Dt.6:4

□ □Infinidade (nada acima dELe)-At.17:24

□ □Imensidade(Não limitado)

□ □Onipresença(em todo lugar)-Sl.139:7

□ □Imutável(idêntico)-Tg.1:17

☐☐Eterno(Atemporal)-Gn.21:33

☐☐Onisciente-(Sabe tudo)-Mt.11:21

☐☐Onipotente(todo-poderoso)-Ap.19:6

☐☐Soberano (Governante supremo do Universo)-Ef.:1

2) Comunicáveis ou pessoais: (Como o homem):

☐☐ Inteligência,: tudo vê e conhece por intuição sem pensar;

☐☐Vontade: basta querer fazer

3) Morais: (manifesta pessoa moral):

☐☐Sabedoria (faz empregar meios mais eficazes e dignos, inteligência infinitamente perfeita)

☐☐Bondade-Deus é amor infinito e perfeito;ama as coisas na proporção do valor e mérito; ama a si mesmo e à sua criação

☐☐Justiça (age com justiça infinitamente perfeita, pune o mal e recompensa o bem)

☐☐Santidade ou Retidão Moral (inteireza de caráter, legítimo, correto)

☐☐Amor: (dedicação absoluta de desejar bem do outro)

☐☐Verdade: (Concordância e coerência em tudo)

☐☐Liberdade (Independência divina de suas criaturas)

DECRETOS DE DEUS: Eterno propósito, segundo sua vontade para a sua glória preordenada: Termos relacionados:

1) Onisciência (Conhece tudo)

2) Presciência (Antevê tudo)

3) Predestinação (Sabe destino dos eleitos)

4) Retribuição (Pune os ímpios)

5) Eleição (Escolheu povo para si)

6) Preterição(omite não eleitos)

7) Pai: de Cristo (Mt.3:17); de Israel (Dt.32:6); dos Crentes (Ef.4:6); dos Anjos (Jó.1:6); dos Espíritos (Hb.12:9); da Glória (Ef.1:17); das Luzes (Tg.1:17); de todos (Ef.4:6 e Rm.4:11);dos Órfãos (Sl.68:5);da Eternidade(Is.9:6);das Famílias(Mt.19:5); Fonte procedente de tudo.

NOMES DE DEUS:

Nas escrituras significa mais que uma combinação de sons; representa seu caráter revelado. Deus revela-se a si mesmo, fazendo-se conhecer ou proclamando o seu nome:

Nomes de Deus:

a) El (Deus), Elah, Elohim (aumentativo de El, pra designar Deus supremo, sentido de força e poder), Eloah (Deus da Eternidade);

b) Jeová (artificialmente criado:YHWH (yahweh)+Adonai (Senhor);

c)Yaweh ou Javé (Eu Sou o que Sou);OBS:Yaweh +: Elohim (Deus dos deuses);Yireh (o que provê);Nissi (minha bandeira);Shalom (paz);tsidquenu(nossa justiça);shammat (está ali); Shapat (juiz);Yasha(Salvador); Palat (libertador); El Roi (Deus vê); Tsaddiq (Justo);Ego eimi (EU SOU); Pater (Pai das Luzes); Elohim (Deus vivo); Elohim Sabaoth ou Kúrios (Senhor dos Exércitos); Eyaluth (Força); Maor (Doador da Luz); Abba (Pai); Rocha; Theótes ou Théos (Divindade); Senhor dos Senhores; Qadosh (Santo de Israel).

CAPITULO 3

HOMEM - ANTROPOLOGIA - A DOUTRINA DO HOMEM: Referências (2ª Pe.1:4; 1 Jo. 3:2)

Muito bem agora vamos falar um pouco sobre o alvo a ser atingido que é o Homem.

NOMENCLATURA NO ANTIGO TESTEMANTO EM HEBRÁICO:

* Mda 'adam aw-dawm' - homem, humanidade (designação da espécie humana) como indivíduo, humanidade (Gn. 1:26);

* rkz zakar - macho (referindo-se a seres humanos e animais) – (Gn.1:27);

* vya 'iysh - significa ser existente; criatura humana (alguém) – (Gn.2:24);

* vwna 'enowsh - homem mortal, pessoa, humanidade (2 Cr.14:11);

* rbg geber - homem forte, guerreiro (habilidade para lutar)-(Sl.92:14);

NOMENCLATURA NO NOVO TESTEMANTO EM GREGO:

* anyrwpov anthropos - ser humano, seja homem ou mulher; genericamente, inclui todos os indivíduos humanos, com a noção adicionada de fraqueza. (Mt.4:4);

EVOLUÇÃO X CRIAÇÃO:

Argumento científico-Teológico: Será que a evolução tem base bíblica ou científica?

Só Deus estava presente quando tudo começou; ou Deus ou ninguém.?

A probabilidade da formação da vida na evolução é tão pequena que exige o milagre pela fé, da geração espontânea.

Quanto ao relativismo, não podemos supor que absolutos não existam porque isso já seria criar o absoluto de que absolutos não existem.

Se tudo é relativo e não há verdade absoluta, é relativo em relação a que absoluto?

Todo mundo é religioso pois não há como provar cientificamente que Deus não existe, pois os ateus crêem na inexistência da divindade e isso é fé, tratada pela religião.

QUADRO COMPARATIVO: Modelos para a ciência e a história:

EVOLUCIONISMO x CRIACIONISMO:
(Espontâneo/seleção natural) X (planejado/proposital)???? Deus
Explosão do Big Bang   X   Criação temporal (Ato Sobrenatural).
Aparecimento do Universo: Expansão do Big Bang durante bilhões/anos X Criação Especial com Idade Aparente.
Aparecimento da Vida Vegetal: Universo Estéril produziu vida espontaneamente X
Criação completa, complexa e diversificada;
Aparecimento da Vida Vegetal: universo estéril produziu vida espontaneamente X
Criação completa, complexa e diversificada.
Método do Aparecimento: Probabilidade e chance X planejamento e execução.
Tempo de Existência: bilhões de anos (14a20 bi) X milhares de anos(Apx. 10 a 13

mil) Quem apertou o "botão" do big bang? O que produziu instabilidade no Universo?

Tendências:EVOLUÇÃO X CRIAÇÃO;

Religião: Humanismo X Cristianismo (Deus);

Ética: Relativismo X Absolutos de Deus (Bíblicos);

Moralidade: Relativismo X Padrões morais de Deus;

Sociedade: Relações de libertinagem e prostituição X Tradições e manut. das famílias;

Governo: Totalitarismo X Democracia

MODELOS QUE INFLUENCIARAM A LÓGICA DE PENSAMENTOS:

HISTÓRIA DO PENSAMENTO EVOLUCIONISTA:

(Não começou com Darwin há 150 anos atrás...)

* TALES DE MILETO (621 A 543 a.C.): Disse que o mundo evoluiria da água por processos naturais.

* ANAXIMANDRO DE MILETO – seguidor de Tales de Mileto (610 – 547 a.C.): Disse que o mundo surgiu do elemento "apeíron" que seria formado da água, ar, fogo e terra.

* EMPÉDOCLES DE AGRIGENTO (492-430 a.C.): Disse que os animais e vegetais surgiram em épocas diferentes e que sobreviveu o melhor capacitado , pois a vida animal surgiu muito tempo depois da vida vegetal.

* LÉUCIPO (Séc. V a.C.): Fundador da filosofia atômica – Disse que o universo é apenas formado por átomos e espaços vazios.

* DEMÓCRITO (460-370 a.C.):Criador do Atomismo – Disse que a realidade é formada apenas por infinitos átomos.

SÉCULO XVII:

* J.S.Wammerdan (1637-1680): Disse que todas as espécies são oriundas de uma única ancestral (criada).

* G.W. Leibnitz (1656-1716): Disse que todas as classes de animais são ligadas por transições, mas não apresentou nenhuma.

* P.L.M.de Mampertuis (1698-1759): Disse que a sobrevivência seria do ser mais capaz. SÉCULO XVIII:

* D.DIDEROT (1713-1784): Falou sobre a Seleção Natural.

* ERASMUS DARWIN (1731-1794): Disse que a evolução é dirigida por influências ambientais.

* J.B. DE LAMARCK (1744-1829): Disse que da herança provinha as características adquiridas. SÉCULO XIX:

* ROBERT CHAMBERS (1802-1871):Disse que havia evolução como processo natural.

* CHARLES DARWIN (1809-1882): Deu introdução a Origem das Espécies, evidenciada em 24/11/1959.

* HERBERT SPENCER (1820-1903): Introduziu o conceito de evolução em um sentido mais moderno.

HISTÓRIA DO PENSAMENTO CRIACIONISTA DENTRO DA BIBLIA:

* JÓ (2100 a.C.): Disse que o Universo foi feito por um Criador.

* MOISÉS (1450 a.C.): Disse que o Universo foi feito pelo Criador e com uma idade aparente.

* SALOMÃO (950 a.C.): Disse que o Universo além de ter sido feito pelo Criador, obedece leis estabelecidas.

* PLATÃO (427-347 a.C.): Disse que o Universo foi feito por um Criador de acordo com um plano racional e que o Universo não é eterno.

* ARISATÓTELES – Discípulo de Platão (384 – 322 a.C.): Disse que o Universo foi criado e é eterno – Aceitava a redondeza da terra e aceitava a geração espontânea de vermes, larvas, vespas e carrapatos.

SÉCULO XVI:

* Johannes Kepler (1571-1630): Disse que o mundo dos homens, da natureza e de Deus todos eles se encaixam e que Deus, o Criador, trouxe à existência, todas as coisas do nada.

SÉCULO XVII:

* Isaac Newton (1683-1727): Disse que aceitava a Bíblia como autoridade em todos os

assuntos e que a ciência não existia para provar a Bíblia, mas a Bíblia para dirigir a boa ciência.

SÉCULO XVIII:

* Leonard Euler (1707-1783): Disse que aceitava a Bíblia como a única verdade absoluta. Dizia que a matemática do Universo é perfeita e um trabalho de um sábio

Criador e que nada acontece no Universo sem que uma regra de um máximo ou de um mínimo apareça. SÉCULO XIX:

* James Clarck Matson (1831-1879): Escreveu sobre a inerrância e a infalibilidade da Bíblia.

SÉCULO XIX:

* Wernher Van Braum (1912-1977): Phd em Ciência Aeronáutica-Disse que ao se contemplar os mistérios da fé, se compreende a existência do Criador. (Fora estes, há cerca de 150 nomes de homens da ciência que aceitavam a Bíblia na íntegra...).

PROPOSIÇÕES DO CRIACIONISMO:

PROPOSIÇÃO 1:

A TEORIA DA CRIAÇÃO ESPECIAL: Todas as coisas criadas constituem um produto de um ato único e soberano por parte de um Criador (Deus) onisciente, onipotente, onipresente e pessoal, o qual não depende de sua criação para a sua existência, nem é parte dela. Ciência do Aprendizado: Quanto mais complexa, mais inteligência.

PROPOSIÇÃO 2:

TODO UNIVERSO FOI CRIADO EX-NIHILO (do nada), COMPLEXO E FUNCIONAL-MATURIDADE E ESTABILIDADE COM UMA IDADE APARENTE RECENTEMENTE (MILHARES DE ANOS): Matéria, espaço, energia e entropia – a tendência é que tudo fique desorganizado diferente da proposta evolucionista que acha que tudo se organizará. (A ferrugem é prova da desorganização).

PROPOSIÇÃO 3:

TODAS AS FORMAS DE VIDA FORAM CRIADAS NO PRINCÍPIO-SOBRENATURALMENTE, COMPLEXAS (Desenho e inteligência), PERFEITAS (Completas), COM DIVERSIDADE BÁSICA. A genética e a paleontologia afirmam que a organização e a complexidade diminuem com o tempo. Por exemplo, a escrita cuneiforme babilônica e os hieróglifos egípcios demonstram inteligência dos antepassados. Os cientistas do passado faziam cálculos complexos, sem o uso do computador.

PROPOSIÇÃO 4:

A DIVERSIDADE DENTRO DOS GRUPOS DE ORGANISMOS VIVOS- CRIADOS EM ESPÉCIES DISTINTAS, COM FORMAS ORIGINAIS, GENETICAMENTE POLIVALENTES. Todos os tipos básicos foram chamados à existência simultaneamente, onde as variações seriam dentro dos grupos e não de um só.

PROPOSIÇÃO 5:

O PLANETA TERRA EXPERIMENTOU NA SUA EXISTÊNCIA UM DILÚVIO UNIVERSAL RECENTE (CATASTRÓFICO): Isso explica a coluna geológica extratificada, a formação de fósseis e a movimentação das placas continentais (hidroplacas).

PROPOSIÇÃO 6:

EXISTEM EVIDÊNCIAS SUBSTANCIAIS ACIMA DA BIOSFERA, NA BIOSFERA E EMBAIXO DA BIOSFERA: Estas evidências compõem as cinco primeiras proposições da Teoria da Criação Especial. (A própria vida aponta para Deus: Sl.139:14; Rm.1:20).

QUEM NÃO TEM BASE CIENTIICA, NÃO É REAL

No ano de 1859, Charles Darwin publica o seu livro "A Origem das Espécies", desenvolvendo duas hipóteses principais:

• Todas as formas presentes de vida se desenvolveram de outras formas primitivas;

• O processo evolutivo deve ser explicado pela seleção natural (incluindo a doutrina da sobrevivência do mais apto), operando sobre variações ao acaso. (Que já é um ateísmo). Cientistas concordaram com o fato da evolução, mas queriam saber se ela ocorrera realmente e como ocorrera.

A evolução implica em que "todas as formas de vida" que existem atualmente sobre a terra é derivado de uma (ou de muitas poucas) formas originais e primitivas de vidas, através de uma série de transformações relacionadas entre si, as quais se originaram todas de forma exclusivamente natural.

1 - Tudo que não pode ser observado, não é ciência. (Observação é ponto chave do cientificismo): Não tem como observar a Criação, mas temos a revelação da Palavra que não é científica. A evolução diz que a matéria sempre existiu e auto-capacidade transformou-a em vidas complexas de unicelulares evoluídos e que big-bang explodiu e deu origem a tudo. Não tem como observar evolução da matéria nem big-bang, assim a evolução não é científica.

2 - Evidências da natureza determinam se postulados estão corretos: Criacionistas creem num Deus que criou tudo perfeito; Evolucionistas acreditam que matéria se evoluiu e o processo de evolução continua. As 4 Leis da Ciência:(Supremacia sobre todas as Leis) falarão a respeito disso comprovando ou a Evolução ou a Criação:

3) a Lei da termodinâmica: Conservação de Energia - Não pode ser criada nem destruída, podendo passar de estado para outro mas a quantidade do universo é sempre a mesma. Se evolução é global, energia deveria estar sendo criada, o que fere esta lei mas não fere a criação de Deus que fez tudo perfeito.

4) a Lei da Termodinâmica: O universo caminha de níveis organizados para níveis cada vez mais desorganizados: A evolução diz o contrário, afirmando que o universo se organiza cada vez mais. No caso da Criação, Deus fez tudo completo, total, puro e grande, mas o pecado entrou no mundo e desorganizou.

5) a (Pasteur) - Lei da Biogênese: Somente um ser vivo pode fazer surgir outro ser vivo semelhante. Como evolução diz que da matéria inanimada surgem seres com vida complexos? Matéria inanimada não produz vida. Criação, a Bíblia diz em Gn.1:26 – Façamos o homem; Deus vivo produziu criaturas vivas.

6) a Lei da Causa e do Efeito - Nenhum efeito é quantitativamente maior e qualitativamente superior à causa. Como o homem um ser vivo complexo pode ter surgido de uma matéria? Pela evolução, a matéria produzindo homem, se ser humano é da matéria, efeito é maior que a causa. Pela criação, somente um Deus superior, inigualável poderia criar seres inferiores; Deus é superior aos homens criados e a tudo criado. (Jr. 32:17; Is.55:8).

7) Postulados Sobre as espécies: A Criação, em (Gn.1:11-12) e (Gn.20:21) fala de animais e vegetais segundo a sua espécie, mas a Evolução - Afirma que há variabilidade genética com formas de vida transicionais; uma espécie com outra produz outra. OBS: 1956 - Mendel descobriu código genético:Característica de uma espécie somente passa para a futura, se codificada no código genético da espécie. A moderna genética molecular diz que a estrutura de cada espécie é única e particular p/produzir aquela espécie. Espécies diferentes originam ser sem capacidade de reprodução. No caso das Mutações: As mutações são aleatórias, quase sempre produzindo lesões aos organismos e assim, desorganizam e não organizam para estágios mais avançados;retiram complexidades do organismo e involuem em vez de evoluir;causam entropia, que é a desordem para o sistema. No caso dos Fósseis: Os fósseis são animais e plantas soterrados que viram rochas e sítios arqueológicos

Paleontologia: Fósseis mais completos que existem são dois: Homem de Nerthandal e homem de Cromagno.

• Homem de Nerthandal foi considerado ancestral. Descobriram que a única diferença dos de hoje é o raquitismo.

• Homem Ábilis, descoberto, sendo mais antigo e completo. Se é evolução, como há registro fóssil mais antigo?

• Homem de Cromagno, mais completo: Ciência diz que ele tinha capacidade física mais evoluída e de raciocínio que o de hoje. Após estes, surgiram verdadeiras brincadeiras: 1912- Homem de Nebrasca-Usando 1 dente, Osborn, diretor do Museu de História natural dos Estados Unidos, concluiu que dente tinha traços de homem e símios.

• Homem de Pitdown - Tempos depois, descobriram que dente era dente de raça de porco extinta. Fragmentos de mandíbula inferior e superior. Ciência descobriu que ossos foram misturados. Parte de chimpanzé e dentes limados p/parecerem humanos, colocados pela química e envelhecidos • Homem de Pequim - Outra fraude.

MÉTODOS DE DATAÇÃO:

Não existe mudança gradual dos registros fósseis; não existem elos perdidos.

Onde estão as espécies transicionais? Se há evolução, onde estão as espécies transicionais nos registros fósseis? Existem fósseis no mundo inteiro, mas não há espécies entre um e outra. Descobriram no registro fóssil espécies complexas anteriores a espécies menos complexas. Não há ordem crescente de espécies no registro fóssil. Cadê a espécie entre protozoários e metazoários invertebrados? Entre invertebrados e vertebrados? Entre peixes e anfíbios? De anfíbio para réptil? De réptil para mamífero? As mesmas lacunas entre espécies no registro fóssil são as encontradas em vida.

Deus estipulou uma lei de cada um segundo sua espécie.

A vida na coluna geológica "aparece de repente"-explosão do cambriano, completos, complexos, diversificado e disperso. Os fósseis estão na ordem errada: Ex. Pegadas de cavalos aparecem mais antigos que os de dinossauros (Urbesquistão e Virgínia-EUA); Pegadas dos seres humanos e dinossauros (Turkmésia e Arizona-EUA); Pólem de plantas em rochas do período pré- cambriano (Venezuelaa e Grand Quenion); Artefatos humanos em carvões de pedras datadas de milhões de anos? Vida não é obra do acaso; Deus sustenta todas as coisas e a vida não é obra de mera sorte:

• Lua está distante da terra 378.000 km. Se tivesse a 80.000 km da terra, marés cobririam o planeta 7x por dia.

• Se atmosfera fosse mais rarefeita bombardeio de meteoros diário c/velocidade de 45 km/seg. destruiria tudo.

• A quantidade de oxigênio da atmosfera se fosse um pouco maior, não haveria condições de vida.

• O movimento de rotação, se fosse 1/10 mais lento, os dias teriam 10 x mais duração e as noites 10x e assim tudo seria queimado e congelado de noite.

• A terra em relação ao sol: Se tivesse na mesma distância de mercúrio e vênus a vida seria torrada e se tivesse na distância de marte e plutão, a vida seria congelada.

• O cérebro é a estrutura mais complexa do universo. Possui 10 bilhões de células e cada possui 10.000 a 100.000 fibras interligadas. Se 1/100 dessas interligações funcionasse, seria maior que toda a rede de comunicações da terra e os homens não podem fazer estrutura como o cérebro. Existem 7 x 1000000000000000000000 estrelas, que é mais que os grãos de areia da terra. A terra não poderia ter vida há mais de 10.000 anos atrás, pois a distância entre o sol e na terra, o sol diminui 1,5metros por ano e se fosse há mais de 10.000 anos, não dava para ter vida na terra pois aqui seria uma temperatura de 145 graus celsius. A Bíblia diz: (Sl.139:14)-Fomos formados de modo assombroso. (Is.45:12) - Fiz a terra e criei nela o homem. A geração espontânea da vida, na Teoria da Evolução exige um milagre equivalente ao argumento teológico (Probabilidades são mínimas de se ocorrer da vida vindo de algo sem vida). As cadeias de DNA possuem mais ou menos 1 metro, se esticadas, e se enrolam não aleatoriamente nos ribossomos nucleares.

ARGUMENTOS CIENTÍFICOS COMPROVADOS NA BÍBLIA:

Na Bíblia, é preciso entender todo o contexto de assuntos descritos em vários livros, pois toda proposta científica está limitada à percepção humana (pensar; achar). Existem coisas que existem, independente de querermos ou não (Ex. Lei da Gravidade).

Na pesquisa científica, há elementos básicos como:

O cientista (São todos corretos?)

O raciocínio (todo raciocínio procede?)

A evidência (todas são plenas?)

A teoria (Todas são sem dúvida?)

A possibilidade (Todas são 100%?)

Teorias são idéias que geralmente não presenciamos; nas evidências nem sempre a amostragem resumida indica toda a proposição que se quer defender. Valor de (π) (pi=3,14) – (1 Rs.7:15)-Perímetro de 2pir, dado em cálculos das colunas ocas do tabernáculo;

Homem x Macaco: Dizem que há 97 genes com semelhança de 99,4% e diferença de 0,69%? O ser humano possui 30.000 a 40.000 genes. Se o número de genes duplicados fosse de 15.000, teremos que 97 de 15.000 é igual a 0,65%. Se em 0,65% há diferença de 0,6%, 100 % de gene a diferença seria de 92,3%; somos diferentes dos macacos em 92,3%. ISSO 9000: Avalia em partes cada etapa e depois avalia no todo; Deus fez isso nos dias da criação. Deriva Continental: No terceiro dia, Deus criou a (única) porção seca (Pangéia).

RESUMO SOBRE EVOLUÇÃO: A evolução é uma interpretação que não foi comprovada; portanto, trata-se apenas de uma crença, baseada sobre conclusões filosóficas em lugar de fatos científicos. A questão da evolução não é simplesmente um problema para a ciência, mas um problema de filosofia. A ciência consegue reunir certa quantidade de dados, mas não bastam para provar a evolução.

Existe uma diferença entre o simples fato de reunir dados para interpretação dos mesmos ou chegar a uma conclusão baseada neles. O problema é que os filósofos querem ensinar a evolução como uma lei ou um fato científico completamente provado e como algo que realmente ocorreu, quando na verdade, tudo se reduz a uma teoria científica.

PROBLEMAS DOS EVOLUCIONISTAS CUJOS FATOS NÃO SÃO CONCLUSIVOS PARA SUAS PROVAS:

• Tanto a terra como o universo teve um início e nem sempre existiram;

• Ausência de dados quanto à origem da vida sobre a terra;

• A repentina aparição da vida, como evidenciam os fósseis;

• O fato de muitos tipos do reino animal (phyla) tanto os simples como os mais complexos aparecem, aparecem simultaneamente logo no princípio e seguem existindo hoje sem mudança ou transformação;

• Não existem fósseis "de transição" entre as formas vitais mais simples e mais complexas;

• Não existe a menor prova de mudança de um tipo "phylum" para outro.

• Torna-se necessária a nebulosa e hipotética doutrina da "emergência", o cientismo, como que possuindo todas as respostas para os problemas transcendentes dos homens;

• Em lugar de elos perdidos, falta a corrente inteira: existem tremendos vazios carentes de dados necessários e acerca dos quais estamos na mais completa ignorância.

A GRANDE QUESTÃO: Está no fato de que os cientistas não aceitam o sobrenatural para origem de todas as coisas. Os fatos reais que se referem à mente e ao espírito do homem e sua consciência moral e seus sentidos dos valores e estéticos ou religiosos não concordam com as explicações do naturalismo mecânico. E assim, como os teólogos defendem a Deus como Criador, os evolucionistas têm o direito em crer no Naturalismo.

O Naturalismo é Doutrina que fala daquilo que é produzido pela natureza. Doutrina ou escola literária intensa a qualquer idealização da realidade, e que insiste particularmente nos aspectos que, no homem, resultam da natureza e de suas leis.

Nele, todo conjunto de fenômenos pode ser reduzido, por um encadeamento mecânico, a fatos do mundo concreto material sem a intervenção de nenhuma causa transcendente.

P. ex.: em moral, doutrina que fundamenta a conduta humana na satisfação dos instintos biológicos e assim, preconiza a volta à natureza e à simplicidade primitiva, quer nas instituições sociais, quer na maneira de viver; naturismo, sem a presença ou intervenção divina..

A VISÃO BÍBLICA DA CRIAÇÃO DO HOMEM:

CRIAÇÃO DO HOMEM:

Deus criou homem à sua imagem (Gn.1:1),superior aos irracionais (1 Co.15:39). A natureza divina penetrou na sua substância material(corpo)e substância imaterial(alma),que se retira ao corpo morrer.(natureza humana). Em 1 Tess.5:23 e Heb.4:12, homem possui Espírito,Alma e Corpo;o espírito e alma representam a não-física. Distintos, espírito e alma são inseparáveis, entrosados, quase se confundem(Ec.12:7 e Ap.6:9).

 CORPO: (No Antigo testamento em Hebráico e Aramáico):

* hywg g@viyah – corpo físico (Gn.47:18);

* rwe 'owr – pele, couro (Ex.22:27);

* rsb basar - carne, como algo frágil e errante (Ex.30:32);

* Njb beten – ventre (lugar oco e vazio) – (Sl.31:9);

* rv shor – cordão umbilical, umbigo (Pv.3:8); sentido de parente carnal; força física do corpo (Pv.5:11);

* Mue 'etsem – sentido de osso, essência e substância do corpo (Pv.16:24);

* Mvg geshem (aramaico) – corpo físico; (Dn.4:33);

A palavra corpo em hebráico também pode indicar sentido de corpo sem vida:

* hlbn n@belah – corpo morto, cadáver (1 Rs.13:25);

* hpwg guwphah – corpo morto (Fechado)-cadáver (1 Cr.10:12);

* vpn nephesh – ser outrora vivo (que respirava) – (Ag.2:13);

CORPO (No Novo Testamento em Grego):

* swma soma – corpo físico (que também pode indicar a igreja que projeta a sombra do sol da justiça, que é Jesus) – (Mt.5:29);

* ptwma ptoma – o corpo caído (carcaça sem vida) – (Mc.6:29);

O corpo indica: Casa(2 Co.5:1);Invólucro(Dn.7:15);Templo(1 Rs.8:27) - Parte externa que nos envolve, de carne e pele.

ESPÍRITO: (No Antigo testamento em Hebraico e Aramáico):

* xwr ruwach – indicando o entusiasmo e vigor (Gn.45:27);

* hmvn n@shamah – indicando respiração, fôlego ofegante (Pv.20:27);

* xwr ruwach (aramaico) – espírito, vento, sede da mente;

(No Novo testamento em Grego):

* pneuma pneuma – fôlego; Capaz de ter conhecimento de Deus e comunhão com Ele,

de forma individual. Formado por Deus na parte interna da natureza do homem, capaz de se renovar e desenvolver - (Salmo 51:10).

O ESPÍRITO É:

a) O centro e a fonte da vida humana. É o que faz o homem diferente de todas as demais coisas; podendo se tornar a morada do Espírito Santo (Rm.8:16), centro de adoração(Jo.4:23); oração, cântico, bênção(1 Co.4:15) e de serviço (Rm.1:9 e Fp.1:27).

O Espírito representa a natureza suprema do homem, regendo a qualidade do seu caráter, conforme influências: Devemos:• Guardá-lo(Ml.2:15);dominá-lo(Pv.16:32); renová-lo(Ez.18:31); transformá-lo(Ez.11:19). Espírito é comum aos que passaram p/outra vida.(At.23:9); Arrebatar é estado de espírito (Ap.4:2).

ALMA: (No Antigo testamento em Hebraico):

* vpn nephesh yx chay – (Alma vivente) lugar das emoções e paixões reanimadas (Gn.2:7);

(No Novo testamento em Grego):

* quch psuche – fôlego, força vital que anima o corpo (respiração), indicando o lugar dos sentimentos, desejos, afeições, aversões (nosso coração), constituída por Deus como um ser moral designado para vida eterna, como uma essência que difere do corpo e não é dissolvida pela morte. (distinta de outras partes do corpo).

Também se refere aos mortos:

* apr rapha' – como almas espirituais abatidas, entristecidas e levadas abaixo (descida) (Jô.26:5); A alma indica a parte que vemos em relação à vida atual. Pessoas falecidas são "almas"quando ao passado (Ap.20:4) A alma dá o conhecimento de si próprio.Ela possui e usa o espírito(fonte de vida) e lhe dá expressão no corpo. A alma é o espírito encarnado mediante o corpo; a combinação destes dois elementos, o espírito e o corpo. Se há uma paixão opressora, a alma (vida egocêntrica natural) venceu o espírito e o homem é vítima da carne. Assim, o espírito já não domina e a pessoa está em estado de morte e precisa e uma regeneração divina. (Cl.3:10).A alma é o princípio inteligente e vivificante que anima o corpo humano, usando para expressar e comunicar. Veio a existir com o sopro sobrenatural de Deus, mas não é parte de Deus, mas dom e obra dEle. (Zc.12:1).

OBS:A alma distingue a vida animal dos vegetais, que possuem vida inconsciente. Os animais também possuem almas, ou seja, vida consciente. A alma dos homens se distingue dos animais, pois as deles só vivem enquanto durar o corpo (Ec.3:21) Alma do homem é vivificada pelo espírito,que o segue após a morte.

• ORIGEM DA ALMA: Resultado do sopro de vida no homem e no caso da descendência, se pode explicar como um processo de cooperação entre o Criador (Pai dos Espíritos) e os pais, onde o processo normal de reprodução humana põem em execução as leis da vida,fazendo com que a alma nasça no mundo-Mistério(Ec.11:5;Jó 10:8)

• ALMA E CORPO: Relação se descreve assim:

A Alma é a depositária da vida , relacionada ao sustento, risco e perda da vida; muitas vezes, alma, tipifica vida (Gn.9:5; Pv.7:23; At.15:26).

A vida é o resultado do entrosamento do corpo com a alma; quando a alma e o corpo se separam, ele não mais existe, restando apenas moléculas materiais em rápida decomposição.

 A alma permeia e habita em todas as partes do corpo e afeta todos os membros, como sentimentos se atribuem ao corpo:

a) Coração e rins: (Sl. 73:21; Pv.23:16; Jó.38:36);

b) Entranhas: (Jr.4:19; Is.16:11);

c) ventre: (Jó.20:23; Jó.15:35; Jo.7:38).

As partes internas(entranhas)descrevem ligação da alma e do corpo como centro dos sentimentos, experiência espiritual e sabedoria.

Pelo corpo, a alma recebe impressões do mundo exterior (sentidos); por meio do cérebro e nervos, a alma elabora impressões pelo intelecto, razão, memória e imaginação.

Alma estabelece contato com o mundo pelo corpo:o"EU";sentir, pensar e atos; sem o membro, a alma não funciona bem:-lesão cerebral causa demência.

• ALMA E PECADO: A alma vive naturalmente por instintos, impulsos inatos implantados na criatura, como forças motrizes da personalidade que Deus o dotou para sua experiência terrestre, originando e preservando a humanidade.

INSTINTOS HUMANOS IMPORTANTES:(Gênesis.):

a) Auto- preservação - Nos avisa dos perigos e nos capacita a cuidar de nós mesmos. (implica proibição de aviso): após o pecado, originou-se egoísmo, irritabilidade, inveja e ira;

b) Aquisição - (conseguir)-conduz a adquirir as provisões para o sustento; (Adão recebeu Éden); após o pecado originou-se roubo e cobiça;

c) Busca de Alimento - impulso que leva a satisfazer a fome natural .(...vos tenho dado todas as ervas que dão semente...); após o pecado, gerou-se bebedice e glutonaria;

d) Reprodução - conduz a perpetuação da espécie. (...homem e mulher os criou...frutificai-vos e multiplicai-vos); após o pecado gerou-se impureza, perversão, prostituição e adultério;

e) Domínio - conduz a exercer certa iniciativa própria necessária para o desempenho da vocação e responsabilidades. (enchei a terra, sujeitai e dominai). Após o pecado, gerou-se tirania, arrogância, injustiça e implicância. O homem foi elevado à dignidade de possuir livre-arbítrio e razão para se disciplinar, como árbitro de seu destino. Deus impôs uma lei para regulamento das faculdades do homem; entendimento da lei produziu a consciência (relativo ao conhecimento).

ALMA NO PECADO: Alma consciente usa voluntariamente o corpo para pecar contra Deus. Alma pecaminosa + corpo, origina corpo do pecado/carne (Rm.6:6; Gl.5:24). A inclinação e desejo da alma para usar o corpo denominam de mente carnal (Rm.8:7). Logo, o homem será julgado, segundo o que fez por meio do corpo (2 Co.5:10) e isso envolve ressurreição (Jo.5:28-29). A carne é a soma total dos instintos do homem, anormais pelo pecado de Adão e atos voluntários pecadores.

ALMA E CORAÇÃO: Na escritura, coração significa centro de alguma coisa: centro de sua personalidade, de onde procedem impulsos e caráter (Mt. 12:40; Sl.46:2); Centro do desejo:(Sl.105:3);emoções(Is.65:14);moral(Rm.2:15 e Hb.8:10; Pv.4:23).

ALMA E SANGUE: Sangue,fonte da vida física;escala da criatura determina valor do sangue, desde Jesus a animal (Lv.17:11).

À IMAGEM DELE: Parentesco (anthropos) que olha para o alto;Caráter moral(religião); Razão:(arte);imortalidade e domínio.

CAPITULO 4

PECADO:

Vamos transcorrer sobre o pecado.

HAMARTIOLOGIA: ESTUDO DO PECADO-Errar Alvo, dívida, transgressão, queda, derrota (Ver. Gn. 6:5; 1 Jo.1:18; Hb.12:5)

CONCEITO DE PECADO: É a falta de conformidade com a lei de Deus, em estado, disposição ou conduta. Para indicar isso, a Bíblia usa vários termos, tais como:

a) pecado (Sl 51.2; Rm 6.2);

b) desobediência (Hb 2.2);

c) transgressão (Sl 51.1; Hb 2.2);

d) Iniqüidade {Sl 51.2; Mt 7.23);

e) mal, maldade, malignidade (Pv 17.11; Rm 1.29)

f) perversidade (Pv 6.14; At 3.26);

g) rebelião, rebeldia (1Sm 15.23; Jr 14.7);

h) engano (Sf 1.9; 2;Is 2.10);

i) injustiça (Jr 22.13; Rm 1.18);

j) erro, falta (Sl 19.12; Rm 1.27);

k) impiedade (Pv 8.7; Rm 1.18);

l) concupiscência (Is 57.5; 1Jo 2.16);

m) depravidade, depravação (Ez 16.27,43,58). O diabo quer que pequemos, afirmando que não estamos crescendo na presença de Deus ou estamos falhando.

Verdadeiro crescimento contra o pecado é cooperar como Espírito Santo batalhando.

PALAVRA PECADO NO ANTIGO TESTAMENTO:

* hajx chatta'ah ou tajx chatta'th - pecado, envolvendo condição de pecado, culpa pelo pecado, punição, oferta e purificação dos pecados de impureza cerimonial . (Gn. 4:7), procedente de chata' - pecar, falhar, perder o rumo, errar o alvo ou o caminho do correto e do dever , incorrendo em culpa, p/sofrer penalidade pelo pecado, perder o direito.

* evp pesha' - transgressão, rebelião contra indivíduos, nação contra nação ou contra Deus. (Jó.34:6);

* hum matstsah - conflito, contenda (Pv.17:19), vem de natsah-devastado, desolado, em ruínas e estar como montes arruinados.

NATUREZA DO PECADO NO ANTIGO TESTAMENTO:

Existe uma variedade de termos, estudando-se o hebraico para expressar esse mal da ordem moral.

• Na esfera moral: a)Errar o alvo, reunindo 3 idéias: • errar como arqueiro erra o alvo;

• errar como viajante erra caminho; • errar como ser achado em falta na balança; (Gn.4:7)- Pecado é a besta pronta para tragar;

b) Tortuosidade ou perversidade, contrário de retidão, tornando-se não reto e sem ideal reto;

c) Mal, pensamento de violência ou infração, violando a lei de Deus. O pecado sem perdão é a incredulidade (Mt 12.31-32) Violência ou conduta injuriosa, homem maltrata/oprime os seus (Gn.6:11 e Pv.16:29);

• Na esfera da santidade: Ofensor já teve comunhão com Deus; como cada israelita era santo e sacerdote, mas profanaram e tornaram imunda a Lei, sendo irreligiosos, transgressores e criminosos.

• Na esfera da Verdade: Inútil e fraudulento; falar e tratar falsidade, representar e dar falso testemunho, numa vaidade vazia e s/valor, onde a mentira iniciou o pecado e o pecador, pois todo o pecado contêm elemento do engano (Hb. 3:13).

• Na esfera da Sabedoria: Impiedade por não pensar/não querer pensar corretamente, p/descuido/ignorância.

* O homem natural não desenvolveu na direção do bem, mas se inclina naturalmente para o mal, ouvindo, mas esquecendo, conduzido para o pecado (Mt.7:26). O castigo do pecado é a morte física, espiritual e eterna (Rm 6.23).

* O homem sem entendimento precipita em julgar coisas que não sabe, impio; nega o que é dado de graça (Pv.8:1-10);

* O insensato se prende às coisas da carne e não se disciplina, podendo fazer o bem (Pv.15:20);

* O homem impio justifica a impiedade c/argumentos racionais ateísticos; escarnece infiel (Sl.1:1 e Pv.14:6).

PALAVRA PECADO NO NOVO TESTAMENTO (Em Grego):

* amartia hamartia- não ter parte; errar o alvo; desviar-se do caminho de retidão e honra, fazer ou andar no erro; desviar-se da lei de Deus, violar a lei de Deus, uma ofensa, violação da lei divina em pensamento ou em ação ou coletivamente, o conjunto de pecados cometidos seja por uma única pessoa ou várias. (Mt.12:31);

• krisis - separação, divisão, repartição, julgamento, sentença de condenação, julgamento condenatório, condenação e punição por colégio dos juizes (um tribunal de sete homens nas várias cidades da Palestina; distinto do Sinédrio, que tinha sua sede em Jerusalém) (Mc. 3:29). Da morte espiritual/eterna escapa quem chega a Jesus. (Rm 3.21;8.39).

NATUREZA DO PECADO NO NOVO TESTAMENTO:

• Errar o Alvo, na mesma idéia do A.T.;

• Dívida, p/não guarda dos mandamentos de Deus e o homem é incapaz de pagar e necessita de uma remissão ou fiador.

• Desordem, pois o pecado é iniquidade; o pecador rebelde, idólatra quebra o mandamento por sua vontade, fazendo uma lei para si e constituindo o seu "EU" como uma divindade, numa obstinação;

• Desobediência, ou ouvir mal, sem atenção. (Hb.2:2 e Lc.8:18);

•Transgressão, ir além do limite (Rm.4:15);

• Queda,cair para um lado sem conduta, no pecado (Ef.1:7);

• Derrota, rejeitando Jesus e perdendo o propósito (Rm.11:12);

• Impiedade, sem adoração ou reverência (Rm.1:18 e 2 Tm.2:16), dando pouca ou nenhuma importância a Deus ou às coisas sagradas, sem temor/reverência;

• Erro, decisões erradas p/desconhecer, quando o homem decide fazer o mal, sem avaliar consequências, mais do que falta pela debilidade.

FATO DO PECADO:

A história e o íntimo humano testemunham, apesar de muitas teorias contrárias que negam a Deus, negam o livre arbítrio; sustentam a conquista do prazer e fuga à dor. (ensino moderno expressivo). Como exemplo de "libertar as inibições", negam a realidade do pecado ou simplesmente. consideram o pecado herança do animalismo humano. Como consequência dessas teorias, o ser humano pode pecar contra si e a outros, escolhendo o mal, justificando a imoralidade, num descaso das escrituras, ofendendo a Deus, desprezando a inteligência de saber do plano divino pessoal. Nos nossos dias é muito comum brincar com o pecado, agora, tudo pode.

ÁREAS DE ABRANGÊNCIA DO PECADO:

a) Desejos e práticas carnais - cada palavra ato e pensamento que incite à concupiscência sexual ilícita no homem e na mulher como roupas indecentes, contato corporal, gestos insinuantes na dança, linguagens torpes, fotos pornográficas, etc.

b) Atividades religiosas falsas - idolatria e feitiçaria, envolvendo orações contrárias, rejeitando a fidelidade e lealdade de Deus, exaltando qualquer pessoa ou coisa acima dEle;

c) posturas e ações contra o próximo - em atos ou pensamentos invejosos;

d) práticas que destroem o domínio próprio da pessoa - como embriaguez, folia, perdendo o controle da razão e emoção como fãs de jogos esportivos e ídolos da TV ou Gospel. (Gl.5:16)

ORIGEM DO PECADO:

O pecado teve a origem nos céus (Is.14:12-14), com satanás, que era (Ez.28:14), foi lançado do céu (Ez.28:16; Lc.10:18). Deus deu liberdade ao homem e ele pecou, atingindo a raça, a partir de Adão e Eva (Gn 34; Rm 5.12).

 O PECADO DO ORGULHO:

Pecado inconsciente como os que se gloriam em humildade, perigoso como o caso de Nabucodonosor e sua imagem de ouro, cabeça de toda iniquidade:

TIPOS DE ORGULHO:

• Orgulho Da Riqueza - É difícil os ricos não serem avarentos (Ez..28:5; Tg.5:2; 1 Tm.6:17; 1 Tm.6:9) - O camelo no fundo de uma agulha era o exemplo de um caso de uma porta para pessoas no muro da cidade, fechada no sábado, quando alguns comerciantes inescrupulosos queriam vender no dia sagrado e proibido às vendas; o camelo deveria passar de joelhos, sem carga, empurrado e puxado pelo pescoço com grande dificuldades.;

• Orgulho da Beleza - Pessoas que se elevam pela aparência (Ez.28:17);

• Orgulho da Moral - Pessoas se auto- justificam por suas aparentes boas-obras, negando necessidade de Cristo.

• Orgulho da Ortodoxia - Os que conhecem mais que os outros da parte de Deus e não o glorificam retendo a glória.

• Orgulho da Posição - Pelo cargo na Igreja ou posição social.

• Orgulho da Espiritualidade - Os que se vangloriam pelo uso dos dons espirituais, como "vasos de Deus";

• Orgulho da Comunidade - Quando a comunidade se autentica como a única representante da Verdade de Deus.

• Orgulho da Denominação - Quando a placa da igreja está acima do nome Jesus, em importância p/ ela.

 FASES DO PECADO: (Gn. 3)A história espiritual do homem se traduz pela tentação, culpa, juízo e redenção:

TENTAÇÃO: (3 Fases):

• possibilidade: 2 árvores de destino: bem/mal ou da vida. Deus testou o homem para que pudesse amorosa e livremente escolher servir a Deus e desenvolver o caráter. (Caminho da Vida: Dt.30:15);

• origem: A serpente foi o agente empregado por satanás, já lançado fora do céu antes da criação do homem; ela trabalha por meio de agentes. (Ez.23:13 e Is.14:12);

• característica (sutileza):sugestões astuciosas que se abraçadas, conduzem a desejos e atos pecaminosos. NOTA:Eva não ouviu diretamente a proibição divina. (Gn.2:16);

• A Serpente espera que Eva esteja só;

•Torce palavras de Deus,

• Finge surpresa por estarem torcidas,

• Semeia dúvidas e suspeitas no coração de Eva;

•Insinua-se juiz lançando dúvidas quanto a Deus: a) Dúvida sobre a bondade de Deus(reter bênção);

Dúvida sobre retidão de Deus (não morrereis); c) Dúvida sobre santidade de Deus(tem inveja).

CULPA: Evidências: (3 Fases:)

• Repentinamente se viram nús, num miserável sentimento de culpa que os fez ter medo de Deus;

• Fizeram aventais de folhas, tentando cobrir a nudez, que representa a procura para cobrir a culpa, com o esquecimento ou desculpas.

• Esconderam-se da voz divina, no instinto de fugir de Deus, em prazeres e outras atividades.

JUIZO: (3 Fases):

• Para a serpente-punida por ter sido instrumento, pela vontade de Deus de mostrar um tipo e profecia de maldição sobre o diabo e os poderes do mal, para fazer do homem, reconhecedor de que há um castigo para o mal;

• Para a mulher-a presença do pecado trouxe sofrimento, principalmente, no momento crítico e penoso de conceber filhos, agravado pela crueldade, loucura e sentimento de falta do homem e corrompendo as relações matrimoniais, tornando a mulher, em muitos lugares, até escrava do homem (Ex. Índia e Ásia);

• Para o homem o trabalho com decepções e aflições, numa maldição e queda da criação e da terra, com difíceis e duras condições de trabalho e a morte física progressiva para o casal.

REDENÇÃO: Prometida na luta entre o homem e o mal, prefigurada num animal morto para vestir o casal (Gn.3:21).

CONSEQUÊNCIAS DO PECADO NA PESSOA:

Pecado é ato de rebelião contra a lei e pecaminosos resultados dos atos e castigos futuros: Fraqueza Espiritual: contra Deus.

• Desfigura imagem divina - Traz vergonha perante Deus. (Is.59:2; Tg.3:9); Será repreendido pelo mundo (Pv.3:35;1 Co.15:34).

• Pecado inerente/original- Traz engano (Is.64:7;Sl.66:18).-Inclinado para pecar(Sl.51:5), difere de pecado atual (efeito da queda), sendo maldito, estranho, enganoso, inimigo, escravo, morto e filho da ira. Deus vai lhe levar em abismos profundos (Sl.107:26-28).

• Discórdia interna,- Perdemos a comunhão com Deus. Desarmonia; divisão interna e fragilidade (conflitos); transforma a pessoa em perigosa de se estar perto, pois a qualquer instante pode descer sobre ela a ira divina.(Mt.8:28; Mt.9:36;1 Sm.31:4;Sl.78:31;Rm.1:18; Jo.3:36).

 Pecado no Corpo (Manifestação):

• BOCA IMPURA - Querer amoldar a Palavra à sua própria vontade (Sl.50:16;Is.53:9;Tg.3:6;Is.58:9; Sl.50:19-23).

• OUVIDOS IMPUROS - Querer ouvir apenas o que lhe agrada (Is.50:4-5; 2 Tm.4:3; 1 Rs.22:13; 2 Cr.28:12;

• OLHOS IMPUROS - Julgar mentalmente as pessoas pelo que se vê (Is.11:3;Sl.50:20-21;Ap.3:18);

• NARIZ IMPURO - Símbolo de pessoas empinadas e orgulhosas (Is.65:5; Is.3:16-25; Ez.8:17);

• CABEÇA IMPURA - Menear a cabeça, reprovando as coisas de Deus (Jó.16:4; Is.1:5);

• CORAÇÃO IMPURO - Pessoa maliciosa que guarda mágoas (Sl.78:18; Sl.95:8; Mt.19:8; Rm.1:24;Ez.14:3). Dureza de coração tem haver com desprezar ouvir e rejeitar a Palavra de Deus (Pv.29:1), de 3 maneiras: * Negligenciar na oração e leitura; Fofocar no meio da igreja e acalentar pecados secretos (Mt.24:19). Envolve dois tipos de pessoas: Os que gostam de ouvir a Palavra de Deus e apreciam o culto, mas não praticam (Ez.33:31-32) e os que apenas querem sair do aperto, pedindo oração.

• PESCOÇO IMPURO - Pessoa que carrega e confia em fardos pesados de pecado

(Is.10:27;Ez.21:29);

• BRAÇOS IMPUROS - Ficar de braços cruzados sem nada fazer para Jesus (Pv.6:10;Mc.10:16;Lc.2:28).

• MÃOS IMPURAS - Agir com roubo, violência e impureza (Jó.16:17; Sl.7:3; Sl.26:10; Sl.28:4; Sl.106:42);

• ESTÔMAGOS IMPUROS - Cheios de iniquidade; desejam prostituir-se no mundo (Ez.7:19; Lc.15:16;1 Co.6:13).

• RINS IMPUROS - Quando não se expeli de si, o que não presta., guarda o mal, como vingança (Jr.20:12)

• VENTRES IMPUROS - Quando apenas se pensa na glória terrestre, como o deus da prosperidade (GL.1:15)

• PERNAS IMPURAS - Quando não se encurva diante de Deus nem se ajoelha diante dele (Pv.26:7;Ez.21:7)

• PÉS IMPUROS - Quando se vacila,pisando nos outros, de modo impuro (Jó.12:5; Jó.18:8; Pv.6:18; Ez.34:18-19).

• CORPO IMPURO - Desonrar, prostituir-se em sensualidade escarnecedora e ímpia (Rm.1:24-27;1 Co.6:15;Jd.1:19)

Castigo Positivo:

• Separado da fonte da vida, pela MORTE: MORTE: 3 Fases:

1) morte espiritual na vida (Ef.2:1);

2) morte física (Hb.9:27) e

3) a morte (Ap.21:8).

OUTRAS CONSEQUÊNCIAS:

• Efeito do pecado nos animais;(doenças e morte (Gn.6:11; Gn.6:19-20; Gn.3:14; Lv.4:3; Lv.4:27-28; Ec.3:18);

• Efeitos na terra e meio ambientes (Fome, furacão, falta d''água e enchentes, tsunamis; Poluição – (Jr.5:28-29; Gl.6:7; Sl.18:7; Gn. 3:17; Rm.1:26-32; Sf.1:3);

• Efeitos do pecado nas nações (Guerras e desentendimentos – (Jr.30:12; 1 Rs.8:46; Sf.2:11; 2 Rs.17:11; Am.9:9).

COISAS BOAS QUE DEIXAM AS PESSOAS FORA DO CÉU:

• Ter zelo pelas coisas boas, deixando de lado as coisas de Deus (Mt.6:33; Cl. 3: 2- 3; Hb. 10:25).

• Ter desatenção à Palavra e ser absorvido pelos próprios interesses (Lc.17:30; Jr. 2:31-32);

• Estar tão ocupado com as coisas de Deus que não há tempo para buscá-lo. (Sl.32:6; Sl. 69:13);

• Dar atenção parcial a Jesus (Cl. 1:18; Lc. 14:16-24);

• Colocar a família antes do Senhor (Hb.11:7; Ef.2:19);

• Não ser apaixonado por Jesus, não se protegendo o tempo todo ao seu lado (Jr.2:31-32; Lc.14:24).

PERGUNTA-SE: Quando chegar o dia, Jesus nos conhecerá? (Jo.8:55; Mt.7:23; Lc.13:27);

PERMANÊNCIA NO PECADO: (Por que os cristãos permanecem na prática do pecado?):

• Não têm temor a Deus pela falta de graça e por não entenderem o completo perigo do pecado e suas consequências (Pv.16:6;Pv.3:7; Ap.3:15; Pv.4:23).

• São super confiante em si mesmo achando-se superior às tentações (2 Co.1:3-7).

• Têm o pecado oculto arraigado há anos dentro de seu coração. (Sl.32:5; 38:3).

OBSERVAÇÃO:

* Deus condena mais os perversos pecados dos cristãos que dos ímpios. (Dt.1:37;Jr.1:16).

* Quanto mais tempo no pecado, mais se endurece (Hb.3:12-13);

*Quanto mais permanece no pecado, enfrenta a vara de Deus (Sl.89:30-34);

* Quanto mais permanece no pecado, enfrenta esvaziamento de paz e força (Sl.31:10; Sl.38:3);

* Quanto mais permanece no pecado, enfrenta crescente dúvida e incredulidade (1 Sm.13:13-14).

PECADOS PRINCIPAIS:

a) IRA-raiva,cólera ou agressividade exagerada em querer destruir os outros. (Jó.5:2);

b) GULA-Querer assimilar tudo, engolindo e não digerindo (Is.56:11);'

c) INVEJA-Desgosto e pesar pelos bens dos outros; o outro é mais que eu (Pv.14:30);

d) ORGULHO-Ser melhor que outros (Sl.90:10);

e) AVAREZA-não confiar em ninguém (Is.57:17);

f) PREGUIÇA-não querer aprender nada. (Ec.10:8);

g) LUXÚRIA (desfrutar do poder de dominar)-prazer pelo excesso (Jr.11:15);

h) IDOLATRIA não querer a Deus de modo exclusivo. (2 Rs.17:41; Dt.32:17; 1 Co.10:20; 1 Co.10:14; Js.24:15; 2 Cr.24:18).

PARA NÃO DAR LUGAR À CARNE:

a) Odiar o pecado(Ver consequências antes -Sl.97:10);

b) FUGIR (Não brincar com o pecado-(1 Co.6:19; 2 Tm.2:22;1 Ts.5:22);

c) SER OTIMISTA Quanto à vitória sobre ela (2 Tm.1:7; Hb.2:18; Jo.16:33).

O PECADO E O LAZER: lazer vem do latim licere, que significa ser lícito, bem como ter descanso ou folga.

Diversão - Significa mudar de direção para outra parte, desvio.

Entretenimento - Significa distração, desatenção e irreflexão. Assim, diversão e entretenimento quando idolatrados, são pecados; mas ter um lazer mundano, não. Deus descansou e quer que descansemos também: Jesus usou comparativas de meninos brincando (Mc.11:16-17) e Ele mesmo descansou (Mt.8:24; Jo.4:6). Em Eclesiastes, diz que o jovem será cobrado no final de sua vida pelo que fez (Ec.8:15; Ec.11:9).

COMO O LAZER AGRADA A DEUS:

a) Deve auxiliar na nossa comunhão com Deus - (Dízimo do seu tempo)-Veja o que se fala dos prazeres carnais (Pv.11:17;Lc.8:14), pois tudo deve ser para a glória de Deus (Rm.11:36).

b) Deve revelar o amor que temos pelo próximo (não escandalizar, mas trazer saúde e paz)-(1 Co.10:31-33);

c) Deve ser lícito e conveniente - decente conforme a lei de Deus (1 Co.6:12);

d) Deve fazer bem à saúde Somos Templo (1 Co.6:19)-Praticar a Bíblia dá saúde (Ex.15:26;Pv.4:4:Pv.4:19-22).

e) Deve ser praticado na companhia de gente de bem (Sl.1:1; Sl.119:63; Pv.13:20);

f) Deve ser praticado em estado de paz interior não gerando culpa (Rm.2:15). Você convidaria Jesus p/ ir contigo ao teu lazer?(Cl.3:17)!

CAPITULO 5

JESUS CRISTO

CRISTOLOGIA: UM RESUMO DO ESTUDO DE JESUS CRISTO:

NOMENCLATURA NO NOVO TESTAMENTO:

* Ihsouv Iesous, de origem hebraica ewvy - Jesus =" Jeová é salvação"; o filho de Deus, Salvador da humanidade, Deus encarnado. Deus tornado ser humano (Jo 1.14) para salvar as pessoas (1Jo 4.14). "Jesus" quer dizer "Javé é Salvador"; é a forma grega de "Josué" (Mt 1.21). "Cristo" quer dizer "Ungido"; é o mesmo que o termo hebraico

MESSIAS (At 17.3).Genealogia de Jesus (Lc.3:23-38) Jesus Cristo é o Espírito da Profecia.

TÍTULOS:

EMANUEL (Mt 1.23); FILHO DE DAVI (Lc 20.41);

FILHO DE DEUS (Jo 1.34);

FILHO DO HOMEM (Mt 25.31);

SENHOR (At 2.36);

VERBO (Jo 1.1-14= Palavra);

SERVO; (Fp 2.7);

SERVO DO SENHOR (Is.53);

CORDEIRO de Deus (Jo 1.29);

SUMO SACERDOTE.(Hb 7.26; Hb.8.6);

MEDIADOR (1Tm 2.5);

NAZARENO (At.2:22-36);

SALVADOR (Mt.1:18-

PRINCIPE DA PAZ (Is.9:7).

QUEM É ELE? Resposta pela declaração explicativa dos nomes e títulos pelos quais Ele é conhecido conforme a Bíblia. Jesus veio à terra no tempo anunciado por Deus (Gl.4:4), num momento em que o povo esperava Messias (Mt.11:3; Jo.4:25; Jo.1:41; Ag.2:7). Mas Jesus era humilde e diferente do que o povo achava para ser o Messias (Jo.1:11). Jesus queria saber o que as pessoas sabiam dele, apesar de acharem que Ele era João Batista ou Elias ou Jeremias ou um antigo profeta. (Mt.16:13; Mt.14:1-2;

Lc.9:8; Ml.4:5-6). Jesus Cristo é a segunda pessoa da TRINDADE. Através dele o universo foi criado e é mantido em existência (Jo 1.3; Cl 1.16-17). Ele é o ANJO do Senhor que aparece no AT (Gn 16:7-11; Gn. 22:11-15; Ex.3:2; Nm.22:23-35; Js.2:1-4; Jz.2:4; Jz.6:11-22; Jz.13:3-21; Sl.34:7; Zc.3:5; Zc.12:8;). Esvaziou-se da sua glória e se humilhou, tomando a forma de ser humano (Fp 2.6-11). O seu ministério terreno durou mais ou menos 3 anos e meio. Jesus ensinou a verdade de Deus por preceitos e por parábolas. Ele fez milagres, curando enfermos e libertando indemnizados, fazendo o bem. Foi rejeitado pela maioria do povo e autoridades, submetido à morte de cruz. Foi sepultado, mas ressuscitou ao terceiro dia. Depois subiu ao céu, onde está para interceder pelos seus (Hb 7.25). E o salvo está unido com Cristo, que vive nele pelo seu Espírito (Rm 8.9-11; Gl 2.20; 4.6; Fp 1.19). Na sua segunda vinda Jesus Cristo julgará os vivos e os mortos (2Tm 4.1).

JESUS NÃO É:

• O Jesus médico obrigado a curar em reuniões concorrentes de igrejas que querem ter fama de milagreiras;

• O Jesus morto dos crucifixos;

• O Jesus de qualquer jeito dos liberais mundanos;

• O Jesus das campanhas publicitárias;

• O Jesus da LBV;

• O Jesus dos espiritualistas médiuns;

• O Jesus que pede a Deus por meio de outra pessoa (Hb. 9:24).

JESUS PARA OS TEÓLOGOS:

Na época em que Ele veio ao mundo, os religiosos o consideravam como blasfemador porque Ele se dizia ser filho de Deus (Lc.22:63-71; Mc.14:63-64).

Hoje em dia:

• Teologia da Libertação- Considera Jesus apenas como um referencial ideológico social;

• Religião de Mercado- Jesus é apenas uma mercadoria útil e um produto rentável de um ótimo garoto propaganda; Seitas Heréticas- Consideram Jesus como um ser que não é divino, mas apenas mais desenvolvido; Teologia Cristã-Eterno: Profeta (Jo.4:19);Sacerdote(Hb.8:3);Rei (Mt.25:31). Jesus é Deus que se fez homem, sem pecado, tornando-se salvador e Senhor do seu povo através do seu sacrifício na Cruz.

PARA DEUS SER HUMANO: Necessitaria:

a) nascer de modo incomum;

b) ser sem pecado;

c) fazer milagres;

d) conhecer cada pessoa;

e) ter maior mensagem;

f) influência duradoura e universal;

g) matar a fome do homem;

 h) ter poder sobre a morte.

i) ascensão. Jesus Cristo é a união da natureza divina/ humana sem confusão, mudança ou divisão.

RAZÕES P/CRER NELE:

a) Depoimento múltiplo - vários informes;

b) Descontinuidade - Jesus trazia algo novo diferente do judaísmo;

c) Conformidade - Trechos Bíblicos sociais exatos;

d) Explicação necessária: Investigar indícios contraditórios (Jesus explicava suas atitudes);

e) Estilo de Jesus- modo de fala incisivo, com autoridade, solene, sem exigências.

f) Fontes-História:

* 27 livros do NT e gregos;

* Pais da igreja;

* Fontes não Bíblicas historiadores judeus e gregos.

DIVINDADE DE JESUS: Características:

• Como Criador (Cl.1:16; Hb.1:3);

• Seus desígnios (Rm.11:33-36);

• Se fez homem (Lc.1:26-35);

* Ressuscitou (Lc.24:36-53;At.1:3; At.2:22-39; At.3:13-26; At.4:10; At.5:30-32; At.10:39-42; At.13:30-32; At.13:37; Rm.1:4; 1Co.6:14; 1Co.15:15; Cl.2:12; Cl.3:1; 1Ts.4:14- 16; Hb.13:20; 1Pe.1:2-3; 1Pe.1:21; 1Pe.3:21-23; Ap.5:6-10; Ap.20:6;);

* Tem todo o poder (Mt.28:18; Fp.2:9-11); Poder para perdoar pecados (Mt.9:6; Mc.2:1-12; Lc.5:24);

• É sobre todos (At.10:36; Rm.9:1-5).

* Ele é o resplendor da Glória de Deus (Hb.1:3);

* Imagem de si (Hb.1:3; Cl.1:15-19).

PROVAS DO NOVO TESTAMENTO QUE JESUS É DEUS:

a) Jesus é diferente dos líderes; único que convence que é Deus a uma parte do

mundo- escárnios pagãos testemunham da adoração a Cristo;

b) Impecabilidade: nas palavras e obras de Jesus há ausência completa de conhecimento ou confissão de pecado(Jo.8:46;Hb.4:15; Hb.9:28);

c) Ele se afirmava como Deus: Igualdade com o Pai: (Jo.10:30;Jo.8:58) (viola o sábado)(Jô.5:18; Jô.9:16);enviado (Jo.20:21);defende sua honra divina (Jo.5:23); Conhecer (Jo.8:19); Crer (Jo.14:1); Ver (Jo.14:9)

d) Aceita reverência a Ele, como adoração divina:(prostrar-se) Jo.4:20-22; At.8:27; Jo.4:24; Mt. 4:10 e Lc. 4:8; leproso (Mt.8:2); cego (Jo.9:35); discípulos (Mt.14:33; Jo.20:27). Anjos e meros homens não aceitaram essa reverência para si:(At.10:25-26 e Ap.19:10).Referências Bíblicas: (Jo.5:18; Jo.8:42;Jo.8:54;Jo.10:35-36;Jo.13:3;Jo.13:31-32;Jo.16:27; Jo.20:17);

Outras Provas:

• Sua igreja o adora por quase 2.000 anos;

• mudou a história (AC e DC)

• Emanuel (Deus conosco)-(Mt.1:23);

• A palavra saia da boca de Jesus-Deus (Mt.4:4;Lc.4:4;);

• Quem estava tentado era Jesus-Deus (Mt.4:7;Lc.4:12;);

• Jesus foi adorado e servido como Deus pelos anjos (Mt.4:10-11;Lc.4:8;Hb.1:6;);

• demônios o reconheceram como divino (Mt.8:29; Mc.1:24; Mc.3:11; Mc.5:7; Lc.4:34; Lc.4:41; Lc.8:28; Tg.2:19);

• adorado e reconhecido pelos homens (Mt.14:33; Mt.16:16;Mt.27:54; Mc.15:39; Mc.16:19;Lc.2:26-38; Lc.7:16; Lc.9:20; Jo.9:33; Jo.11:27; Jo.16:30; Jo.20:28; At.7:55-56; Paulo (Fil.2:9;Tito 2:13); João Batista (Lc.3:2);Pedro (Mt.16:15 e At.3:26); Tomé (Jo.20:28);Escritor (Hb.1:8); Estevão (At.7:9); leproso (Mt.8:2); cego (Jo.9:35); discípulos (Mt.14:33;Jo.20:27);

• No julgamento: Condenação de Jesus foi por sua confissão induzida, onde "tu o disseste" é uma maneira educada judáica de responder(Mt.26:64; Mc.14:62; Lc.22:70; Lc.23:42);

• reconhecido por anjos (Mc.1:35; Lc.2:12; Jo.10:33);

• Ensinos absolutos(não retrata, acha ou muda nada), autoridade suprema "Em verdade,...;

• Confirmado por explicações teológicas bíblicas gerais que explicam a Jesus como Deus (inclusive passagens declaratórias de que Ele é Deus): (Jo.1:1-2; Jo.1:12-13; Jo.1:18; Jo.1:29; Jo.1:34; Jo.1:36; Jo.1:49; Jo.3:16-21; Jo.3:36; Jo.6:69; Jo.17:3; Jo.20:31; At.20:28; Rm.5:10; Rm.6:23;Rm.8:3; Rm.8:34; Rm.9:5; 1Co.1:9; 1 Co.1:24; 1 Co.1:30; 1Co.6:11; 1 Co.8:6; 2 Co.4:6; 2 Co.15:19; 2 Co.13:13; Ef.1:3; Fp.2:6-11; Cl.1:13-15; 1 Tm.2:5; 1 Tm.3:6; 2 Tm.4:1; Tt.2:13; Hb.1:1; Hb.1:8-9; Hb.2:9; Hb.2:17; Hb.4:14; Hb.7:3;Hb.9:14; Hb.9:24; Hb.10:12; 1 Pe.3:18; 2 Pe.1:1; 2 Pe.1:17; 1 Jo.4:9; 1 Jo.5:9-13; 1 Jo.5:20; 2 Jo.1:9; Jd.1:4; Ap.14:2; Ap.19:10).

JESUS COMO VERBO:

No Grego logov logos- (preexistente-anterior à Criação do homem, intimamente ligado Deus no seio do Pai, não que Jesus seja idêntico Deus-Pai, mas no mesmo caráter, essência, qualidade e ser de Deus). Jesus é tão perfeitamente o mesmo que Deus em mente, coração e essência (Jo.1:14;Jo.14:9). (EU SOU):Antigo testamento hyh hayah hyh hayah (EU SOU O QUE SOU) – (Ex.3:14); Novo testamento egw ego eimi eimi (Mt.20:15; Mt.20:22; Lc.22:70; Jo.8:24; Jo.8:28; Jo.8:58;Jo.13:19;At.18:10; Ap.2:23); Outras Referências Bíblicas: O PÃO(Jo:6:35; Jo.6:41; Jo.6:48; Jo.6:51); A LUZ (Jo.8:12;Jo.12:46;); ENVIADO (Jo.8:18); DO CÉU (Jo.8:26) A PORTA (Jo.10:7; Jo.10:9); O BOM PASTOR (Jo.10:11;Jo.10:14);A RESSURREIÇÃO E A VIDA (Jo.11:25); O CAMINHO, A VERDADE E A VIDA (Jo.14:6); A VIDEIRA VERDADEIRA (Jo.15:1; Jo.15:5) REI (Jo.18:37); SENHOR (At.9:5;At.22:8;At.26:15;); SANTO (1 Pe.1:16); ALFA E ÔMEGA (ETERNO) (Ap.1:8,11,17,18; Ap.21:6; Ap.22:13); RAIZ E GERAÇÃO DE DAVI E ESTRELA DA MANHÃ (Ap.22:16);

JESUS COMO A PALAVRA DE DEUS (expressando seu poder, inteligência e vontade, imagem revelada de Deus. Referências bíblicas: (Lc.4:32; Lc.4:36; Jo.2:22;

Jo.5:24; Jo.8:31; Jo.8:51; Jo.12:48; Jo.14:23-24; Jo.15:3; At.10:36; 1 Co.1:18; 2 Co.2:17; 2 Co.5:19; Ef.1:13; Fp.2:16; Cl.3:16; 1 Tm.1:15; 1 Jo.5:7; Hb.1:3; Ap.1:9; Ap.3:8; Ap.3:10; Ap.6:9; Ap.12:11; Ap.19:13; Ap.20:4).

JESUS COMO O FILHO DE DEUS: Expressão "uiov huios yeov theos" significa"nascido de Deus".Título proclama deidade., num sentido único que mantém relação divina não participada por nenhuma criatura do universo:

CONFIRMANDO A VERDADE:

Consciência de si mesmo - Com 12 anos, Jesus sabia duas coisas:

a) uma revelação especial de Deus a quem chama de seu Pai;

b) uma missão especial na terra "negócios do Pai, Ele tinha consciência de sua identidade adquirida no estudo das Escrituras sobre o Messias e o Espírito Santo revelou intimamente que Ele é o Eterno filho de Deus e não apenas de Maria, Ele ouviu a voz do Pai no batismo (Mt.3:17),resistiu à tentação do diabo p/duvidar do fato(Mat.4:3)e falou Abba (paizinho),na cruz. Referências Bíblicas:(Dn.3:25; Mt.8:29; Mt.14:33; Mt.27:43; Mt.27:54; Mc.1:1; Mc.3:11; Mc.15:39; Lc.1:35;Lc.4:41; Lc.22:70; Jo.1:34;Jo.1:49; Jo.3:18; Jo.5:25; Jo.10:36; Jo.11:4; Jo.11:27;Jo.19:7; Jo.20:31; At.8:37;At.9:20; Rm.1:4; 2Co.1:19; Gl.2:20; Ef.4:13-14; Hb.6;6; Hb.7:3; Hb.10:29; 1Jo.3:8; 1Jo.4:15; 1Jo.5:5; 1Jo.5:10-13; 1Jo.5:20; Ap.2:18).

SENHOR: Expressão kuriov kurios (grego-kurios)-(supremacia)- título de honra, que expressa respeito e reverência e com o qual servos tratavam seus senhores; título dado: a Deus, ao Messias:(Lc.24:3; Jo.21:7; At.1:21;At.2:36; At.4:33; At.7:59; At.9:17; At.9:29; At.10:36; At.11:7; At.15:11; Rm.10:12; 1Co.12:3; Fp.2:11; 2Jo.1:3; Jd.1:17; Jd.1:21; Ap.22:20-21). Indica:

a) deidade- transmitia aos judeus e gentios, o pensamento de divindade(equivale a Jeová);

b) Exaltação - Na terra, Jesus merecidamente é Senhor porque morreu e ressuscitou para salvar os homens;

c) Soberano- No AT, se revelou como redentor e salvador de Israel e no Sinai, como Rei (Êxodo 20:2)-2 Cr.13:5; Fp.2:9; Fp.3:14). Profecias do A.T.: Ex.15:2; Dt.26:19; 1Sm.2:1; 1Sm.2:10; 2Sm.22:47; 1Cr.29:11; Sl.7:6; Sl.18:46; Sl.21:13; Sl.46:10; Sl.57:5; Sl.57:11; Sl.66:17; Sl.97:9; Sl.99:5; Sl.99:9; Sl.107:32; Sl.108:5; Sl.113:4; Sl.118:16; Sl.118:28; Sl.145:1; Sl.148:13; Is.5:16; Is.26:11; Is.33:3;5;10; Is.52:13; Cumprimento: (At.2:33; Fp.2:9); Agora Cristo nos redime da destruição do pecado e tem o direito de ser o Senhor de nossas vidas, que nos comprou (1 Co.6:20; 2 Co.5:15).

FILHO DO HOMEM: Expressão hebraica "Nb bem Mda 'adam aw-dawm'" ou grega uiov huios anyrwpov anthropos (humanidade)-designação enfática p/o homem, em seus atributos característicos de debilidade e impotência.(Nm.23:19;Jó.16:21). No AT, a expressão denota debilidade e mortalidade, incentivo à vocação profética. No NT, denota-o como participante da natureza e qualidades humanas, sujeito às fraquezas humanas; Também, denota sua deidade porque nEle, significa pessoa celestial , identificado como representante e salvador, em 3 fases:

a) vida terrena (Mt.27:63; Lc.24:5; Mc.2:10; Lc.24:23; Jo.6:57; Jo.6:69; Jo.14:19;At.25:19);

b) sofrimentos expiatórios (Hb.2:17; Mc.8:31; 1 Pe.1:11) e

c) exaltação e domínio sobre a humanidade (Mt.25:31;Dn.7:14). Cristo, homem em sofrimento, debilidade e morte, mas divino em contato com Pai, perdoando pecados acima da religião. O filho de Deus veio a ser o filho do homem pela encarnação, concebido no ventre de Maria pelo Espírito Santo. Encarnação não significa que Deus se fez homem, mas permanecendo como Deus, tomou natureza nova(humana). O filho de Deus, permanecendo Deus, se uniu de tal forma a do homem, que constituiu uma pessoa, Jesus; assim, o filho de Deus, verdadeiro Deus desde a eternidade, no curso do tempo se fez verdadeiro homem, em uma pessoa, Jesus Cristo, constituído de duas naturezas, a humana e a divina.(Lc.24:39; Jo.1:14; Jo.6:51-56; Jo.17:2; At.2:30; At.2:31; Rm.1:3; Rm.8:3; Rm.9:5; 2Co.3:3; 2Co.5:16; Ef.2:15; Cl.1:22; 1Tm.3:16; Hb.5:7; Hb.10:20; 1Pe.3:18; 1Pe.4:1; 1Jo.4:2-3; 2Jo.1:7).

PROPÓSITOS DA VINDA DE JESUS CRISTO:

) Revelar Deus em si mesmo (Profecias AT: (Dt.29:29;Jó.34:14-16; Dn.2:19; Dn.2:22; Dn.2:28; Dn.2:29; Dn.2:47; Am.3:7; Cumprimento NT: (Mt.10:26;Mt.11:25; Mt.11:27; Mt.16:17; Lc.2:26; Lc.10:21-22; Jo.1:18; Jo.5:19; Rm.16:25; 1Co.2:10; Gl.1:12; Gl.1:16; Ef.1:17; Ef.3:1-5; 1Pe.1:7; 1Pe.1:12-13; 1Pe.4:13; 1Pe.5:1; Ap.1:1).

) Formar um modelo, glorificado e adaptado ao destino celestial, para os filhos dos homens, serem filhos de Deus (Profecias AT: (Ex.25:9; Ex.25:40; Ex.26:30; Js.22:28; Ez.43:10); Cumprimento NT:(At.7:44; 2Tm.1:13; Hb.8:5-6;Jo.1:2).

) Destruir o pecado que impedia perfeição humana. (Adão era privado da glória pela justiça original).Profecias AT:(Gn.19:13; Ex.12:13; Ex.15:6; Dt.4:25-26; Dt.12:3; Dt.28:20; Sl.9:5; Sl.54:5; Sl.73:27; Sl.101:8; Sl.143:12; Pv.6:14-15;Pv.21:12; Pv.21:15; Pv.29:1; Ec.5:6; Is.1:28; Is.10:22-23; Is.28:22; Os.4:6; Jó.5:12; Is.25:8); Cumprimento NT: (Mc.1:24; Lc.1:25; Lc.4:34; 1Co.1:19; 2Co.10:4-5; Jd.1:5; 1Co.13:10; 1Co.15:24; 1Co.15:26; 2Ts.2:8; Hb.2:14; Hb.9:26).

JESUS CRISTO: Xristov Christos - mesmo que messias no grego Messiav Messias, o ungido, e em hebraico "xyvm mashiyach", filho de Jeová, concentrando esperanças de Israel.(Mc.1:11); O povo esperava um Messias,mas com conceitos errados. Deus, antes de estabelecer um reino terreno, desejava a purificação do povo. (Ez.36:25 e Jo.3:1); Messias, o autorizado a salvar Israel e as nações, do pecado, como Senhor e Mestre.

Cumprimento NT: (Mt.16:16; Mt.23:8; Mt.26:63-64; Mc.9:41; Lc.2:11; Lc.2:26; Lc.4:41; Lc.9:20; Lc.23:2; Lc.24:26; Lc.24:46; Jo.1:17; Jo.4:42; Jo.6:69; Jo.17:3; Jo.20:31; At.2:36; At.2:38; At.4:10; Rm.1:4; Rm.1:16; Rm.2:16; Rm.3:22-24; Rm.14:9; Rm.15:19; Rm.16:27; 1Co.1:9; 1Co.1:24; 1Co.1:30; 1Co.3:11; 1Co.15:57; 2Co.4:6; 2Co.5:10; 2Co.5:18-20; Gl.2:20; Gl.3:13; Ef.1:20; Fp.2:11; Fp.3:20; Cl.1:27; 1Ts.4:16; 1Ts.5:9; 1Ts.5:23; 2Ts.1:12; 2Ts.2:16; 1Tm.1:15; 1Tm.2:5; 2Tm.1:10; 2Tm.2:8-10; Hb.5:5; Hb.9:11; Hb.9:14; Hb.9:24; Hb.9:28; Hb.13:20; 1Pe.1:2-3; 1Pe.3:18; 2 Pe.1:11; 1Jo.5:20; Ap.1:5; Ap.11:15; Ap.20:6).

FILHO DE DAVI: No hebráico Nb bem dywd Daviyd; no grego "uiov huios dabi
Dabid Da linhagem real pela fidelidade de Davi(2 Sm.7:16), renovando a alianç
davínica; os seus descendentes. Como filho de Maria, Ele é filho de Davi;En
(ls.9:6),"Pai da eternidade", significa sábio e justo,qual Pai (Mc.11:10).

Cumprimento NT: (Mt.1:1; Mt.1:20; Mt.9:27; Mt.15:22; Mt.20:30; Mt.22:42-45
Mc.11:10; Lc.1:27; Lc.1:32; Lc.1:69; Lc.2:4; Lc 2:11; At.2:25; Rm.1:3; 2Tm.2:8
Ap.3:7; Ap.5:5; Ap.22:16).

OBRA SALVADORA: Deus, salvação e libertador de Israel (Sl.106:21; ls.45;15
Jr.14:48); Deus agindo "(Is.63:9). O salvador, libertando e perdoando o povo; Filh
enviado na plenitude dos tempos (Gl.4:4).Cumprimento AT:(ls.19:20; ls.43:11
ls.45:15; ls.45:21; ls.49:26; ls.60:16; ls.63:8; Os.13:4);

Cumprimento NT:(Lc.1:47; Lc.2:11; Jo.4:42; At.5:31; At.13:23; Ef.5:23; Fp.3:20
1Tm.1:1; 1Tm.4:10; 2Tm.1:10; Tt.1:3-4; Tt.2:10-13; Tt.3:4-6; 2Pe.1:1; 2Pe.1:11; 2
Pe.2:20; 2 Pe.3:2; 2 Pe.3:18; 1 Jo.4:14; Jd.1:25).

MILAGRES DE JESUS CRISTO: Classificação Geral:

a) exorcismos: Jesus expulsa demônios;

b) curas: Jesus elimina doença/deformação;perdoa pecados-(exceto Jo.9:1-41;

c) ressurreições: Jesus traz de volta a vida dos mortos, (3 casos);

d) milagres sobre natureza: Jesus age sobre os elementos (vento e mar;

e) milagres de transformação: Jesus transforma água em vinho e seca uma figueira;

f) milagres de surgimento: Jesus faz surgir peixes, multiplica pães e peixes e fa
aparecer o estáter na boca do peixe;

g) milagres de habilidade: Jesus possui a habilidade de mudar as situações, escapando de perseguidores em Nazaré; aparece e desaparece como ressuscitado, ou saber os pensamentos das pessoas e os atos futuros;

h) milagres de epifania: transfiguração e outros milagres como a voz de Deus, a pomba, o véu do templo que se rasgou, a ressurreição de mortos no momento da crucificação e subida aos céus.

i) Outros milagres desconhecidos: (Jo.21:25).

RELAÇÃO DOS MILAGRES (Ordem histórica dos Evangelhos):

a) Só em Marcos: (Mc.7:31-37 = Mt.15:29-31);(Mc.8:22-26 = Jo.9:6);

b)Só em Mateus: (9:27-31; 9:35; 12:22-24; 15:29-31; 17:23-26; 21:14-15);

c) Só em Marcos e Mateus: (Mc.1:38-39; Mt. 4:23-24; Mc.6:4-5; Mt.13:57-58; Mc.6:53-56; Mt.14:34-36; Mc.7:24-30; Mt.15:21-28; Mc.8:1-9; Mt.15:32-38; Mc.11:12-14,20-21; Mt.21:17-20);

d) Só em Lucas: (4:28-30; 5:1-9; 7:11-16; 7:19-22; 8:2; 13:10-13; 14:1-4; 17:11-19; 22:44; 22:49-51 (veja João 18:10).

e) Só em Marcos e Lucas: (Mc.1:23-28; Lc.4:33-37; Mc.16:12; Lc.24:12-35; Mc.16:19; Lc.24:50-51);

f) Só em Mateus e Lucas: (Mt.8:5-8 e13; Lc.7:1-10; Mt.9:32-34; Mt.12:22-24); Lc.11:14- 15); g) Só em Mateus, Marcos e Lucas: (Mc.1:12-13; Mt.4:1-11; Lc.4:1-13; Mc.1:29-31; Mt.8:14-15; Lc.4:38-39; Mc.1:32-34; Mt.8:16-17; Lc.4:40-41; Mc.1:39-44; Mt.8:1-4; Lc.5:12-14; Mc.2:1-12; Mt.9:1-8; Lc.5:17-26; Mc.3:1-5; Mt.12:9-13; Lc.6:6-10; Mc.3:6-12; Mt.12:14-16; Lc.6:17-19; Mc.4:35-40; Mt.8:23-27; Lc.8:22-25; Mc.5:1-15; Mt.8:28-33; Lc.8:26-35; Mc.5:25- 34; Mt.9:2-22; Lc.8:43-48; Mc.5:21-24, Mc.35-43; Mt.9:18-19, Mt.23-26; Lc.8:40-42, Lc.49-56;Mc.8:27-33; Mc.9:30-32; Mc.10:32-34; Mt.16:13-23; Mt.17:21-22; Mt.20:17-19; Lc.9:18-22; Lc.9:43-45; Lc.18:31-34; Mc.9:1-8; Mt.17:1-9; Lc.9:28-36; Mc.9:16-26; Mt.17:14-17; Lc.9:37- 44; Mc.10:46-52; Mt.20:29-34; Mt.9:27-31; Lc.18:35-43; Mc.11:1-11; Mt.21:1-11; Lc.19:29-40;

Mc.13;Mt.24;Lc.21; Mc.15:33-34 e 37-39; Mt.27:45,50-54; Lc.23:44-48). Só em João: (1:47-51; 2:1-11; 3:23-25; 4:17-18; 4:46-54; Jo.5:1-9; 8:59; 9:1-7; 10:39; 11:11-15; 11:38-45; 8:52; 10:38-42; 16:20; 12:28; 18:3-6; 20:30; 21:1-6,10-11);(repetição de Lucas 7:1-10 e Mateus 8:5-8,13); Só em Marcos, Mateus e João: (Mc.6:45-56; Mt.14:22-34;Jo.6:16-21); Só em Mateus, Lucas e João: (Mt.14:13-14;Lc.9:10-11;Jo.6:1-2); Só em Lucas e João: (Lc.24:36-43;Jo.20:19-23); Em Marcos, Mateus, Lucas e João (ao mesmo tempo):Mc.1:10-11; Mt.3:13-17; Lc.3:21-22;Jo.1:32 e 12:28;Mc.6:34-44;Mt.14:14-21;Lc.9:11-17;Jo.6:3-14; Mc.14:17-21; Mt.26:20-25; Lc.22:21-22; Jo.13:26; Mc.14:26-31; Mt.26:30-35; Lc.22:31-38; Jo.13:36-38; Mc.16:1-9;Mt.28:1-10; Lc.24:1-8;Jo.20:1-17; Mc.16:1-10; Mt.28:1-10; Lc.24:1-12; Jo.20:11- 18). Em Atos: (1:9; 9:3-7); Outros milagres do Espírito Santo: (Mt.1:18 e Lc.1:35; Mc.1:10-11; Mt.3:13-17; Lc.3:21-22; Jo.1:32; Mc.1:12; Mt.4:1; Lc.4:1;At.8:39-40; At.2:1-13; 7:56; 10:9-16; 11:28; 19:6; 21:10-11; 1Co.12:10; 2Co.12:1-4; Ap.1:10).

O PLANO DE DEUS E AS PROFECIAS MESSIÂNICAS:

DE GÊNESIS A DEUTERONÔMIO:

* Deus criou 1° casal à sua imagem e abençoou. (Gn.1:2);

* Ele formou homem,da terra e lhe deu uma alma. (Gn.2:7);

* Deus criou a mulher e uniu, sem malícia. (Gên.2:21);

* O Inimigo enganou esse casal, que pecou. (Gênesis 3:7);

* Filho de Eva pisará, o diabo. (Gn. 3:15) e Gl.4:4 e Mt. 1:20);

* Deus vestiu Adão e Eva, com pele de animal (Gn. 3:21-24);

* Abel oferta a Deus, que se agrada: é morto por Caim (Gn.4:2-11);

* Deus vê terra contaminada: resolve destruí-la. (Gn.6:2-5);

* Deus manda Noé construir arca: para salvar pessoas (Gn.6:11-13);

* Noé solta pombo: traz ramo verde de oliveira.(Gn.8:6-11);

* Deus fez nova aliança: com Noé (arco-íris). (Gn.9:9-16);

* Noé oferta: animais no altar em holocausto. (Gn. 8:20);

* Homens: Babel e sua linguagem confusa. (Gn.11:6-9);

* Deus viu Abrão de Ur; (Gn.12:1-3; Mt.1:1 e Gl.3:16);

* Abrão edifica altar a Deus: invoca seu nome.(Gn.12:7-8);

* Abrão dá dízimo de tudo: a Sacerdote (Gn.14:18-20);

* Deus prometeu-lhe herdeiro: Isaque; (Gên.15:1-14);

* Promessa a Isaque (Gn.21:12) e Lc.3:23,24 e Mt.1:2;

* Deus pediu Isaque, como holocausto. (Gn. 22:1-15);

* Abraão ia oferecer Isaque: foi impedido.(Gn. 22:1-15);

* Deus promete-lhe descendência numerosa(Gn.22:16-19);

* Deus apareceu a Isaque confirma promessa(Gn. 26:2-5);

* Isaque teve visão de Deus: edifica altar;(Gn. 26:24-25);

* Jacó filho de Isaque: direito de herdeiro;(Gn. 28:12-20);

* Jacó fez coluna e edificou altar ao Senhor(Gn.28:18-22);

* Deus muda nome-Jacó para Israel.(bênção).(Gn.32:24-30);

* Promessa a Jacó (Gn.35:10-12) e Lc.3:23-24 e Mt.1:2);

* Jacó: 12 filhos; José e Benjamin, mais novos.(Gn. 35:22);

* José traído pelos irmãos, foi ser Rei no Egito.(Gn.3-45);

* Seca em Canaã e Israel e família foram ao Egito (Gn.46:1-7);

* Judá, de Israel(promessa)(Gn.49:8-11)e Mt. 1:2:Hb: 14);

* O povo aumentou muito e faraó oprimiu povo. (Ex.1:5-14);

* Moisés hebreu salvo criado por filha do faraó.(Ex.2:1-10);

* 40 anos depois, Deus(EU SOU)fala a Moisés:(Ex. 3:2-22);

* Após 10 pragas, povo sai do Egito com riquezas (Ex.7 a 11);

* Deus pede páscoa; cordeiro sem defeito comido (Ex.12:1-29);

* Primogênitos para Deus; sinal nas mãos e olhos (Ex.13:1-16);

* Deus abre mar vermelho e faraó morre. (Êx. 14:1-31);

* Povo murmura pela água e fome no deserto. (Êx.15 a 16);

* Deus: promessas: 10 mandamentos no Sinai.(Ex.19 a 31);

* 0 povo faz bezerro de ouro e adora idolatria. (Ex. 32);

* Moisés: véu no rosto, refletia glória de Deus. (Ex.34:29-35);

* Deus: construam tabernáculo, para sacrifícios.(Ex.35 a 40);

* O povo é ordenado sobre leis e rituais (todo levítico);

* Israel(povo) marcha para Canaã, terra prometida.(Nm.1-12);

* Deus proíbe povo ir a Canaã(murmuração)(Nm.13 a 14);

* Vara de Arão, novilha vermelha; rocha ferida;(Nm.1 a 29);

* Murmuração; serpentes mordem(de bronze) (Nm.21:1-9);

* Bênção a Israel, futuro (Rei) Estrela de Jacó (Nm. 24:1);

* Deus escolhe Israel por amor e não por merecer.(Dt.7:7-8);

* Deus fala que provou no deserto por amor; (Deut. 8:2-3);

* Deus requer de Israel, amar e servi-lo. (Dt.10:12-13);

* Deus dará profeta como Moisés,o Messias.(Dt.18:15-19);

* Deus a Josué;dá vitória contra Jericó(Dt.5:13-15 e Dt.6);

DE JOSUÉ A 2° REIS

* O povo entrou em Canaa e teve terras. (Js.21:43-45);

* Coroa de espinhos para os desobedientes (Js. 23:13);

* Deus levanta juízes para salvar povo da terra(Jz. 2:10-23);

* Deus levanta e escolhe profeta Samuel (1 Sm. 2:35,3:19);

* Samuel escolheu o primeiro Rei, Saul. (1 Sm. 12:13-14);

* Deus não quer sacrifícios,mas obediência. (1 Sm. 15:22);

* Deus e Davi(seu filho fará templo a Ele.(2 Sm.7:12-16);

* A rocha de salvação,o ungido enviado.(2 Sm. 22:4 e 51);

* Deus e Salomão, filho de Davi (reino eterno).(1 Rs.9:1-9);

* Deus e Elias,ressuscita mortos (1 Rs.17:1 e 1 Rs.21-24);

* Elias prega fidelidade a Deus.(1 Rs. 18:21);

* Micaías viu Israel, dispersa sem pastor.(1Rs. 22:1);

* Deus e Eliseu:multiplica pães e espigas. (2 Rs. 4:41-44);

DE JÓ A ISAÍAS

* Jó: falta um árbitro entre Deus e homem.(Jó.9:31-35);

* Jó e sua testemunha está no céus, seu advogado;(Jó:16:19);

* Jó: redentor viverá se levantará; homem verá (Jó.19:25-27);

* Jó: homens ensinados por Deus e o verão. (Jó.42:4-5);

* Salmos fala sobre características do Messias (Jesus): * Davi fala sobre o Rei de Sião, filho e juiz.(Sal. 2 e Mt.3:17); será louvado por crianças, feito homem; (Sl.8:l6); O messias é esperado (Salmo 14:7). O único, bebe cálice e vencerá a morte (Sl.16); vive (Sl.18:46-49); zombado (SI.22:1-19); nosso pastor (Sl.23); entrará nos céus (SI.24:7-10); caluniado (Sl. 2:12); esquecido (Sl. 31:11); sem ossos quebrados (Sl.34:20); espancado;(Sl.35:21); solitário (Sl.38:11);calado (Sl.38:13);proclamado ao Pai (SI.40:7-8); traído (SI.41:9 e Sl.55:12-14); morto (Sl.44:22); remidor dos irmãos; (Sl.49:); ressuscitado (SI.49:15); injuriado pela família(Sl.69:8-9);receberá vinagre (Sl.69:21); receberá presentes de reis (Sl.72:10); beberá cálice (Sl.75:8); invocará o Pai (Sl.89:26-28): guardado por anjos (Sl.91:11-13); acalmará as ondas (Sl.10:25-29); benvindo e pedra angular (Sl.118:19-29): ensinará mestres (Sl.119:99- 100): ferido (Sl.129:3);de Davi(Sl.132:11 e Ap.22:16);

* Ele será o nosso fiador esperado (Provérbios 6:1-2);

* Deixou a vitória para nós (Ec.2:21);

* "propriedade"de seu povo (Ct.2:16);

* Isaías diz: Messias será visto no Monte de Jerusalém (ls.2:2);

* o povo será endurecido a Ele (Is. 6:8-10);

* Messias nascerá de virgem (ls.7:14-16) e Mt.1:18);

* O povo verá a luz do menino-Deus (Isaías 9:1-7);

* Messias,cheio de Deus (Isaias 11:1-5);Lc.3:23.32;Mt.1:6

* Terra conhecerá;Ele será estandarte do povo (Is.11:9-10);

* O seu exclusivo trono será justo (Is. 16:5);

* O homem olhará para o criador (Is. 17:7);

* O Messias terá sepultura alta. (Is. 22:16);

* O Salvador será pendurado (Is. 22:22-25);

* O Messias vencerá a morte (Is. 25:8-9);

* O Messias ressuscitará mortos com Ele (Is. 26:19);

* O Messias será glorificado por suas obras (Is. 29:23-24);

* O Espirito Santo será derramado (Is.32:15-18);

* O Messias será Ele, o único caminho Santo (Is.35:8);

* Haverá uma voz do deserto antes dele (Is. 40:3-5);

* Falará aos gentios (Is.42);

* Nele seremos salvos (Is.45:22-23);

* Faz chegar a Salvação (Is.46:12);

* O Messias será cuspido (Is. 50:6);

* O Messias será visto (Is. 53:1-12);

* Ele estará entre nós e no céu (Is. 57:15);

* Somente Ele salva (Is. 63:2-5);

DE JEREMIAS A MALAQUIAS:

* Jeremias fala que será manso cordeiro(Jr. 11:19-20);

* Ele multiplicará o vinho nos odres (Jr. 13:12);

* Ele escreverá nomes de acusadores no chão (Jr.1:13);

* O Messias é o renovo (Jr. 23:3-6);

* Raquel chorará por Ele (Jr. 31:15);

* Ele é a nossa Justiça (Jr. 33:15-16);

* Ele dará a outra face (Lm. 3:30);

* O messias será rei eterno (Lm. 5:19-22);

* O expulsarão de uma terra (Ez. 11:15);

* O Messias levará a cruz aos ombros (Ez.12:12);

* Será plantado num monte alto (Ez.17:22-24);

* Seu nome será honrado (Ez.20:9);

* Ele será o bom Pastor (Ez. 34:11-17 e 31);

* O Messias será nosso Rio Eterno (Ez.47:12);

* O Messias é a Pedra que veio do céu encherá a terra (Dn. 2:34 e 44);

* O Messias fará sinais e salvará (Dn. 6:2);

* Os santos possuirão o seu Reino (Dn. 7:18);

* Após o 3o. dia, teremos vida. (Os. 6:1-3);

* O menino virá do Egito (Os. 11:1-2);

* Ele nos remirá da morte (Os. 13:14);

* Ele nos curará (Os. 14:4);

* O Espírito Santo derramado; toda carne (joel 2:28-32);

* O segredo será revelado aos profetas (Am.3:);

* Dia está perto; haverá livramento (Ob. 1:15 e 17);

* Rei cheio do Espírito Santo no monte (Mq.2:12-13;3:8;4:1-2);

* Ferirão o juiz na face,nascido de Belém. (Mq. 5:1-5);

* A obra maravilhosa (Hc.1:5);

* Messias entre homens, renova amor. (Sf.3:1);

* Ele está vindo para habitar na terra (Zc. 2:10-11);

* O renovo será Rei e Sacerdote (Zc. 6:12-13);

* Alguém pegará sua orla, judeu;ficará curado (Zc.8:22-23);

* Rei entrará em Jerusalém,montado no jumento (Zc. 9:9);

* Ele será estaca (Zc. 10:4);

* Messias será vendido por 30 moedas (Zc.11:12-13);

* Chorarão por ele, traspassado (Zc.12:10);

* Ele será ferido pelos amigos nos braços (Zc.13:6-7);

* O Messias será desonrado (Mal.1:6);

* O Messias instruirá a muitos (Mal. 2:5-8);

* O Messias terá voz antes dele (Mal. 3:1 e 4:5-6);

* O Messias será o sol da justiça (Mal.4:2);

PERÍODO DE TRANSIÇÃO: 400 anos de silêncio/transição para a vinda do Messias)
(Por que 400? (Gn. 15:13; Ex.12:40)

NOVO TESTAMENTO (CUMPRIMENTO DAS PROFECIAS) Jesus nasceu!

* Geração de Davi e Abraão:Mt.1:1 e 17; Sl. 89:3; Gn. 22:18;

* Raiz de Jessé: Mt. 1:5 e Is.11:11;

* Nasceu de uma virgem Mt. 1:18 e Is. 7:14;

* Teve uma estrela: Mt. 2:2 e Nm. 24:17;

* Nasceu em Belém Mt. 2:6 e Mq. 5:2;

* Recebeu mirra,incenso, ouro Mt. 2:11 e Ct. 1:3 e SI. 45:8;

* Ele foi para o Egito Mt. 2:13 e Os. 11:1;

* Ele voltou do Egito Mt. 2:15 e Nm. 4:22;

* Escapou da morte quando criança.Mt. 2:16 e Ex. 1:16;

* Raquel chorou Mt. 2:18 e Jr. 31:15;

* Ele seria Galileu Mt. 2:22 e Is. 9:1;

* Habita em Nazaré, desprezo: Mt.2:23 e Is.53:3; SI.22:6;

* Teria o precursor João Batista Mt. 3:1 e Ml. 3:1; Is. 40:3;

* Pregaria o Reino de Deus. Mt. 3:2 e Dn. 2:44;

* Espírito Santo viria sobre Ele como pomba Mt. 3:16 e Gn. 8:8;

* Seria filho amado. Mt. 3:17 e Is. 42:1;

* Seria levado ao deserto Mt. 4:1 e Lv. 16:21;

* Fica 40 dias com fome; Mt.4:2 e Nm. 14:33-34 e Dt. 8:2;

* Tentado a transformar pedras em pães. Mt. 4:3 e Zc. 3:9:

* Disse que o homem viveria da Palavra Mt. 4:4 e Dt. 8:3;

* Disse aos anjos está ordenado: Mt. 4:6 e SI. 91:11-13:

* Disse não tentarás o Senhor... Mt. 4:7 e Dt. 6:16;

* Só a Deus adorarás Mt. 4:9-10 e Dt. 6:13 e Dt. 10:20;

* Foi servido pelos anjos Mt. 4:11 e Sl.103:21;

* Retirou-se para Galiléia Mt. 4:12-15 e Is. 9:1-2;

* Pregava o arrependimento: Mt. 4:1 e Dn. 7:27;

* Disse para irmos a Ele. Mt. 4:19 e Is. 1:18;

* Mandou acautelar-vos de falsos Mt. 7:15 e Ez. 22:27;

* Disse ao leproso e quis curá-lo. Mt. 8:2 e 2 Rs. 5:3-7;

* Achou fé nos gentios Mt. 8:11 e Is. 49:12;

* Tomou nossas dores e enfermidades Mt. 8:17 e Is. 53:4:

* Mandou vir a ele os cansados; Mt. 11:28-30 e Is. 53;

* Beber o cálice Mt. 20:22 e Jr. 49:12;

* Jumento preso Mt.2 1:2/ Gen. 49:11; Is. 62:11 e Zc. 9:9;

* Pedra angular rejeitada Mt. 21:41 e Sl.118:22-23;

* Disse Assenta-te a minha direita Mt. 22:44 e Sl. 110:1;

* Disse um só é o vosso mestre Mt.23:8 e Sl.133:1 e Sl.22:22;

* Jesus filho do homem Mt. 25:31 e joel 3:2;

* Traído Mt.26:23 e Prov.1:18-19; Sl.41:9; Sl.55:12-14;

* Sangue da nova aliança Mt. 26:2 e Ml.4:4 e Dt 4:23;

* Cálice amargo: Mt. 26:39 e Jr. 49:11-12 e Jr.25:15;

* Morto entre ladrões Mt. 2:44 e Jr. 48:2;

* Autoridade para perdoar pecados. Mc. 2:10 e Jr. 31:34;

* Luz do Mundo Lc. 1:7-9 e Is. 60:1-2;

* Cordeiro de Deus. João 1:29 e Gn. 22:8;

* Ressuscitador Jô. 5:21 e 1 Sm. 2:6;

* Juiz – Jo.5:27 e Jl. 3:2; 2 Tm.4:1 e Is.33:22;

* Escrevia com o dedo em terra Jô.8:6 e Jr.1:13;

* Luz do Mundo Jô.8:12, At.13:4 e Is.60:1-2;

* Alegria de Abraão Jo.8:56 e Gn.18:1 e 17-18;

* O EU SOU Jo.8:58 e Ex. 3:14; Dt.32:29; Is. 43:10;

* A PORTA Jo.10:9 e Ez.3:31;

* O BOM PASTOR Jo. 10:11 e Sl. 23:1;

* O CAMINHO Jo.14:6 e Os. 13:4;

* Convencedor do Pecado Jo.16:8 e Mq.3.8;

* Glorificado do Pai Jo.1:1-5; Is.42:8, Is. 48:11; Gen.1:1;

* Túnica rasgada Jo.19:23-24 e Gn. 3:23;

* Ferido com lança ao lado Jo. 19:34 e Ex. 7:17;

* Não me detenhas; ainda não subi. Jo.20:17 e Gn.24:56;

* Mistério da Escritura – Jo. 21:25 e Dt. 29:29;

* Mesa do Senhor(Ceia) Mal.1:7 e 12 e 1 Co.10:21;

* Zeloso pelas coisas divinas - Sl.69 e Jo.2:15-17;

* Milagres Is.35:5 e 32:3,4 e Mt.9:32 e Mc.7:33-35;

* Parábolas:Sl. 78:2 e Mt.13:34;

* Pedra de tropeço aos judeus Sl. 118:22 e Rm.9:32;

* Ressuscitou - Sl.16:10; Sl.30:3 e At.2:31;At.13:33;

* Ascensão - Sl.68:18 e At.1:9;

* À destra de Deus - Sl.110:1 e Hb.1:3 e Mc.16:19;

* Dinheiro atirado - Zc.11:13 e Mt.27:5;

* Preço dado ao oleiro - Zc.11:13 e Mt.27:7;

* Abandonado - Zc.13:7 e Mc. 14:50;

* Acusado por falsos - Sl.35:11e Mt.26:59,60;

* Mudo perante acusadores - Is.53:7 e Mt.27:12;

* Ferido e arranhado - Is.53:5 e Zc.13:6 e Mt. 27:26;

* Espancado e cuspido-Is.50:6; Mq.5:1; Mt.26:67 e Lc.22:63;

* Objeto de zombaria-Sl.22:7,8 e Mt.27:31;

* Caiu sob a cruz – Sl.109:24,25 e Jo.19:17,Lc.23:26;

* Mãos e pés furados- Sl.22:16; Zc.12:10 e Lc.23:33;

* Crucificado entre ladrões-Is.53:12 e Mt.27:38;

* Intercedeu pelos perseguuidores-Is.53:12 e Lc.23:34;

* Rejeitado pelo povo-Is.53:3; Sl. 69:8 e Jo.7,5;Mt.21:42;

* Odiado sem motivo-Sl.69:4 e Is.49:7 e Jo.15:25;

* Amigos à distância-Sl.38:11 e Lc.23:49;

* Menearam a cabeça-Sl.109:25;Sl.22:7 e Mt.27:39;

* Observado pelas pessoas-Sl.22:17 e Lc.23:35;

* Roupas sorteadas-Sl.22:18 e Jo.19:23,24;

* Sofreu sede-Sl. 69:21 e Sl.22:15 e Jo.19:28;

* Fel e vinagre oferecidos-Sl. 69:21 e Mt.27:34;

* Grito de abandono-Sl.22:1 e Mt.27:46;

* Entregou-se a Deus-Sl.31:5 e Lc.23:46;

* Ossos sem quebrar-Sl.34:20 e Jo.19:33;

* Colapso cardíaco-Sl.22:14 e Jo.19:34;

* Traspassado Zc. 12:10 e Jô.19:34;

* Trevas sob a terra-Am. 8:9 e Mt.27:45;

* Em túmulo rico Is. 53:9 e Mt. 27:57;

ATRIBUTOS DIVINOS:TRINDADE:

ONIPRESENÇA: * Pai: Jr. 23:24; * Filho: Mt. 28:20; *E.Santo: Sl. 139:7;

ONIPOTÊNCIA: * Pai: Gn.17:1; *Filho: Mt.28:18; *ESanto: Lc.1:35;

ONISCIÊNCIA: *Pai: 1 Pe.1:2; *Filho: Jo.21:17; E.Santo: 1 Co.2:10

DEUS CRIADOR: *Pai: Gn.1:1; Filho: Jo.1:3; *E.Santo: Jó.33:4;

ETERNIDADE: *Pai: Rm.16:26; *Filho: Ap.22:13; *Hb.9:14;

SANTIDADE: Pai:Ap.4:8; *Filho: At. 3:14; *E.Santo: 1 Jo.2:20;

SANTIFICADOR: *Pai: Jo. 10:36; Filho:Hb.2:11; *E.Santo: 1Pe.1:2;

SALVADOR: *Pai: Is.43:11; *Filho: 2 Tm.1:10; *E.Santo: Tt.3:5;

OS TRÊS SÃO UM: (1 Jo.5:7); reuniões e as reações nas pessoas(natureza frágil).

CAPITULO 6

SALVAÇÃO:

NOMENCLATURA NO ANTIGO TESTAMENTO:

* hewvy y@shuw'ah – salvação por Deus, libertação, prosperidade (Gn.49:18);

* hewvt t@shuw'ah ou hevt t@shu'ah - livramento (geralmente por Deus mediante agência humana) e salvação (em sentido espiritual) – (Jz.15:18); evy yesha' - libertação, salvação, resgate, segurança, bem-estar, prosperidade, vitória (2 Sm.22:3);

NOMENCLATURA NO NOVO TESTAMENTO:

* swthria soteria - livramento, preservação, segurança, salvação da moléstia de inimigos e num sentido ético, aquilo que confere às almas segurança ou salvação messiânica como a posse atual de todos os cristãos verdadeiros e a salvação futura, soma de benefícios e bênçãos que os cristãos, redimidos de todos os males desta vida, gozarão após a volta visível de Cristo do céu no reino eterno e consumado de Deus.

A SALVAÇÃO NA PALAVRA DE DEUS:

NO ANTIGO TESTAMENTO: É o próprio Deus (Gn.32:30; Ex.15:2; 2 Sm.22:3; 2 Sm. 22:47; Jô.13:16; Sl.3:8; Sl.18:2; Sl.27:1; Sl.35:3; Sl. 38:22; Sl.68:20; Is. 12:2; Is.45:17; Era esperada (Gn.49:18);

NO NOVO TESTAMENTO: (Lc.1:69; Lc.2:30; Lc.19:9; Jo.4:22; At.4:12; Rm.1:16; Rm.10:10; 1 Ts.5:9; 2 Ts.2:13; 2 Tm.3:15; Hb.5:9; Hb.9:28; Ap.12:10; Ap.19:1).

CONCEITO DE SALVAÇÃO:

Espírito Justificado, alma regenerada e corpo santificado para Deus. Não alcançada por regras ou dores, mas pela obediência, fé e amor.

CONDIÇÕES PARA SALVAÇÃO:

A) ARREPENDIMENTO (abandonar pecado): Convicção de culpa e esforço sincero e deixar o pecado, No intelecto (descobrir seu erro), No emocional (auto-acusação e tristeza sincera e ter ofendido a Deus) Na prática (mudar de idéia ou propósito, produzindo frutos dignos). O Espírito Santo aplica a Palavra de Deus à consciência, comove o coração e fortalece o desejo de abandonar o pecado.

B) TER FÉ (buscar a Deus); realizar o batismo nas águas (símbolo exterior da fé interior cristã)-Mc.16:16;At.22:16. É crer e confiar, agindo no intelecto pela vontade. No Intelecto (crença nas verdades reveladas); Na vontade-aceitação e aplicação como regra de vida. A fé que salva é a graça divina; nos faz olhar para os méritos de Cristo, ajudada pelo Espírito Santo, que nos faz confiar. Ter fé é a pronta dedicação da própria vida para com o Senhor, em verdade.

C) BATISMO: De arrependimento para perdão dos pecados, como sepultados em sua morte - como uma verdadeira figura, que agora salva, o batismo, não do despojamento, imundícia da carne, mas da indagação de uma boa consciência para com Deus, pela ressurreição de Jesus Cristo, para ressuscitarmos na fé nele e no seu poder (1 Pe.31:21).

D) CONVERSÃO: Abandonar o pecado e aproximar-se de Deus, em firme propósito de ser obediente (At.3:19). A conversão é o lado humano da salvação; o divino é o perdão e a dádiva de um novo coração. Conversão é o resultado humano da sobrenatural graça.(At.3:19 e 26). A conversão e regeneração envolvem o intelecto, emoções e vontade, atuando de forma conjunta.

3) TRÊS ASPECTOS DA SALVAÇÃO:(por Cristo e pelo Espírito Santo):

• JUSTIFICAÇÃO (PARA O ESPÍRITO): (At.13:39; Rm.2:13; Rm.3:20-30; Rm.3:28; Rm.5:1; Rm.5:9; Rm.8:33; 1 Co.6:11; Gl.2:16; Gl.3:24; Tt.3:7).

NO NOVO TESTAMENTO:

* dikaiosunh dikaiosune - num sentido amplo: estado daquele que é como deve ser, justiça, condição aceitável para Deus; doutrina que trata do modo pelo qual o homem pode alcançar um estado aprovado por Deus; integridade; virtude; pureza de vida;

justiça; pensamento, sentimento e ação corretos; num sentido restrito, justiça ou virtude que dá a cada um o que lhe é devido. Espírito culpado e condenado perante Deus é absolvido, declarado justo;(mudança de posição em condição): Deus julga, Cristo advoga; pecado é o crime; expiação satisfaz lei; o arrependido é perdoado, testificado pelo Espírito Santo, passa a viver em vida cristã perfeita, já cumpridora da Lei.

a) NATUREZA: (absolver e declarar justo, aceito, somente pelo ato de Jesus (Rm.1:17;3:21).O condenado é absolvido, de ofensor para justo. Ela subtrai e cancela os pecados e depois, adiciona a imputação de justiça. O Evangelho revela aos homens como se mudar de posição e condição;

b) NECESSIDADE: todos os homens necessitam; gentios tinham revelação natural e buscaram idolatria (Rm.1:19) e judeus transgrediram a lei, que não fazia o povo ser justo, mas normatizava a justiça quanto ao vil pecado. Cristo é a nova dispensação em relação de Deus aos homens.

c) A FONTE: A Graça: favor imerecido. Servir a Cristo não é forma de pagamento, mas expressão de devoção e amor. Ela não abranda a penalidade, pois depreciaria a justiça de Deus, mas provê expiação para justificar e santificar as almas.

OBS: TRÊS FORMAS DE GRAÇA:

Graça proveniente ou eficiente-atrai homens para Cristo (Jo.6:44) e convence desobedientes (At.7:51), produzindo conversão (Jo.5:40); Graça efetiva-capacita homens e resistirem tentação e fazer obra; Graça habitual-efeito da morada do Espírito Santo em vida plena (Gl.5:22).

d) FUNDAMENTO: A Justiça de Cristo expiou nossa culpa, satisfez a lei, na obediência, sofrimento e substituição; unidos com ele na fé, sua morte é nossa morte; sua obediência é nossa obediência e Deus nos aceita. Redenção completa libertação p/preço pago. Incoerência é dizer viver Cristo, sem provas dignas dEle.

e) MEIO:A Fé; apropriando-se da salvação pela promessa divina;(não há auto-justiça, nem auto-esforço, nem medo de fracasso). Ela concede paz à consciência e esperança espiritual. As obras são o resultado, prova e a consumação da fé, não a causa da salvação (Ef.3:17); motiva atitude receptiva de amor, envolvendo a vontade em boas ações e sujeita-se à justiça divina (Rm.10:3). Crer no coração é desejar, muito, a Jesus.

• REGENERAÇÃO (PARA A ALMA): (Tt.3:5);

NO NOVO TESTAMENTO: paliggenesia paliggenesia - novo nascimento, reprodução, renovação, recreação, regeneração, produção de uma nova vida consagrada a Deus, mudança radical de mente para melhor, como o sinal e gloriosa mudança de todas as coisas (no céu e na terra) para melhor, aquela restauração da condição primitiva e perfeita das coisas que existiam antes da queda de nossos primeiros pais, que os judeus esperavam em confecção ao advento do Messias, e que os cristãos esperavam em conexão com a volta visível de Jesus do céu. Alma morta em transgressões e ofensas é adotada por Deus;(chamada e eleição) Deus é Pai; Cristo é irmão mais velho; pecado é teimosia; expiação é reconciliar, mortificando a velha natureza, refletindo Cristo.

a) NATUREZA: (ato divino de conceder ao homem, crer numa vida nova, de elevada união pessoal com Jesus).

Cinco descrições no Novo Testamento:

• Nascimento (ato da graça criadora - Jo.5:1; Jo.3:8);

• Purificação (Alma lavada das imundícies em novidade de vida; experiência simbólica expressa no ato de batismo - Tito 3:5; At.22:16);

• Vivificação(essência da regeneração é nova vida pelo Pai, mediante Jesus, pela operação do Espírito Santo, transformando nosso caráter, desejos e propósitos;

• Criação (Homem recriado pelo sopro divino no Éden, recriado pela operação do Espírito Santo (2Co.5:17; Ef.2:10; Gl.6:15;

• Ressurreição (Como barro enviveceu, alma pecaminosa ressurge: regeneração é mudança que Deus opera na alma, quando é vivificada.(divina comunicação de nova vida à alma humana).Surge rápida, misteriosa e desenvolve gradativa; aspecto singular do Cristianismo.

b) NECESSIDADE: Causas:

• Fome espiritual (estar farto de ritualismos);

• Falta de convicção profunda (precisar ser purificado e transformado);

• Auto-complacência (supor ter qualificação suficiente para ser membro do Reino de

Deus). Há necessidade de a carne ser transformada somente pelo Espírito Santo para ser

capaz de viver no Reino Espiritual, em mudança completa e natureza e caráter.

c) MEIOS:

• Trindade Divina (Pai gera, Cristo vivifica por sua morte e envia o Espírito Santo que

vivifica.)

• Preparação humana: (toma parte, agradecendo com arrependimento e fé).

d) EFEITOS: 3 Pontos:

• Posicionais (adoção)-torna-se filho e beneficiário dos privilégios-Gl.4:1-7;

• Espirituais união com Deus (mediante o Espírito Santo, resulta em novo caráter; crente deve manter contato com Deus, preservando e nutrindo sua vida espiritual.(2Pe.1:4 e Rm.6:4).

• Práticos (pessoa nascida odiará o pecado-1Jo.3:9 e 5:8;em obras de justiça, amor fraternal e vitória que vence o mundo.

OBSERVAÇÃO: ESTAMOS SUJEITOS A FALHAR: (Não podemos habituar com o pecado, mas se pecarmos, não voluntariamente, de forma premeditada temos o bom advogado(1Jo.2:1 e 3:9) Temos que vigiar e orar.

SANTIFICAÇÃO (PARA O CORPO): (Rm.1:4; Rm.6:19; Rm.6:22; 1 Co.1:30; 2Co.7:1; 1 Ts.4:3-7; 2 Ts.2:13; Hb.12:14; 1 Pe.1:2).

NO NOVO TESTAMENTO:

* agiasmov hagiasmos - consagração, purificação.

A pessoa em novidade de vida dedicar-se a servir a Deus. (separação / dedicação e purificação):Deus é o Santo; Cristo é Sumo-sacerdote; pecado é impureza; o arrependimento(consciente da impureza),me faz ter um substituto no altar e assim, vivo p/servir ao nosso Deus.

a) NATUREZA: (consagração)

Cinco Sentidos:

• Separação(para perfeição moral e uso divino);

• Dedicação(consagração à comunhão e serviço; dedicação exclusiva a Deus);

• Purificação (limpeza pela palavra sangue de Jesus e Espírito Santo);

• Consagração (vida santa e justa, regenerada, conforme a lei; exortação à purificação(2Co.7:1);

• Serviço (Servir como sacerdote oferecendo sacrifício de louvor (Hb.13:15);

• Sacrifício Vivo (Rm.12:1).

b) TEMPO: 2 Idéias: 1Co.1:2-

• Posicional-Instantânea perante Deus.

• Prática e Progressiva como santos (separados),santificados(na Palavra); precisamos ter exemplos de cristãos. Separação inicial é começo de uma separação diária, pois Deus exige maneira santa de viver pela purificação p/melhorar a consagração até a perfeição; os mortos p/o pecado são exortados a mortificar seus membros; revestir do novo homem (Ef.4:22; 1Pe.1 e Cl.3).

c) MEIOS:

• Sangue de Jesus (Provisão objetiva-Eterno-hb.13:12)-Santificação absoluta perante Deus;

• Espírito Santo (Provisão-subjetiva-interior-Rm.15:16)-início da obra de Deus nos corações conduzindo ao inteiro conhecimento da justificação no sangue de Jesus;

• Palavra (Externa/prática - Jo.17:17)-Desperta a compreensão da insensatez e da impiedade pessoal (espelho para a alma).

d) SANTIFICAÇÃO QUANTO À CARNE:

O pecado original não é erradicado dela, por si mesma(pois não haveria morte), nem pode ser libertar por observância de regras e regulamentos (pois a lei não santifica-Legalismo)e não pode tentar subjugar a carne por privações e sofrimentos (pois é a alma e não o corpo que peca.-Ascetismo).

e) VERDADEIRO MÉTODO:

• Fé na expiação-Novidade de vida nos fatos e promessas bíblicos. • Cooperação c/o Espírito-libertação e crescimento de santidade.

OBS:03 mortes que crente está sujeito:

1) morte no pecado-física-condenação Ef.2:1;

2) morte pelo pecado: justificação (Gl.2:20);

3) Morte p/o pecado - santificação (Rm.6:11).

f) SANTIFICAÇÃO COMPLETA:

Perfeição=sincero e reto (Gn.6:9 e Jó.1:1)relativa e progressiva em Cristo (Gl.3:3),concedida como dom da graça e efetuada no caráter do crente.(Fil.3:12 e Hb.6:1).

g) SEGURANÇA:

 Não sejamos descuidados nem negligentes. Desviar-se é voltar atrás ou virar-se. A salvação depende de Deus mas devemos ser sinceros em fazer sua vontade. Podemos resistir à graça divina, p/a perdição eterna(apostasia)(Jo.6:40;Hb.6:6 e 46). Não confiemos em privilégios ou posições estar na graça é estar no favor da comunhão com Deus; o pecado interrompe essa comunhão. Somos chamados a uma profunda amizade com Deus e nossa obediência ao chamado nos torna escolhidos. Quem obedece, não perece!

4) PREDESTINAÇÃO(Rm.8:29-30; Ef.1:5; Ef.1:11):

NO NOVO TESTAMENTO:

 * proorizw proorizo - decidir de antemão; no NT do decreto de Deus desde a eternidade; preordenar, designar de antemão. (NOTE-SE QUE É EM CRISTO). Predestinar é determinar o futuro. Há 3 povos predestinados na Bíblia:

• Israel, da semente de Abraão; (Gn.17:6);

 • Impios, que serão lançados no inferno (Sl.9:17);

• Igreja predestinada a ir ao céu (1Ts.4:16-17). Conheceu grego "proginoskw proginosko"- significa sentiu, como a atração entre o homem e a mulher judáicos. predestinou grego "proorizw proorizo" - designou antes, nomeou, conforme estava escrito no Novo testamento. imagem grego "eikwn eikon" - ser como, em excelência moral e mente santa. chamou grego "kaleo" - convidou, como um Pai convida um filho. justificou - grego "dikaiow dikaioo" - pronunciou alguém justo, pela observância às leis divinas, usado para aquele cujo o modo de pensar, sentir e agir é inteiramente conforme a vontade de Deus, e quem por esta razão não necessita de retificação no coração(vida), glorificou - grego "doxazw doxazo"-honrar, estimar, manifestar sua dignidade como condição gloriosa de bem-aventurança dos cristãos em face da sua condição de verdadeiros adoradores e convertidos a Deus.

SENTIDO:

Deus sentiu, de antemão, o futuro amor das almas pecadoras por Ele e lhes deu a oportunidade de terem um novo nome pela Lei do Novo testamento, pois sabia que guardariam sua lei, não rejeitariam seu convite e viveriam conforme sua vontade, o que seriam mostrados como dignos de serem honrados como (Note-se que não é uma escolha fatalista de Deus, antecipando quem vai ou não ao céu.)

ESCOLHA DE DEUS:

• Deus escolheu Jesus para pagar nossos pecados (Jo.6:38);

• Deus escolheu Israel c/3 propósitos:(Manifestar seu poder trazer palavra divina, manifestar Jesus ao mundo).

• Deus escolheu Igreja com 3 propósitos: (Anunciar evangelho; produzir frutos e manifestar visível poder divino). (Escolha de propósito é diferente de escolha para salvação)

• Deus escolhe homens para cumprir seus propósitos vocacionais e ministeriais, diferente da salvação;

• Deus escolheu homens para serem profetas, como Moisés, Davi, Sansão, Samuel, Elias e muitos outros.

• São escolhas de Deus para o ministério para aperfeiçoar os santos no Plano do Reino de Deus (Ef.4:1). Em Ap.13:8 - fala do cordeiro que foi morto desde a fundação do mundo, pois sabia que o homem iria pecar. Quem aceita a Jesus participa do plano elaborado antes da fundação do mundo.

FUNDAÇÃO DO MUNDO:

• Herança e reino preparado (Mt.25:34);

• Entramos no repouso quando cremos (Hb.4:3); Ao aceitar a Jesus, participamos do plano e em Cristo, estamos predestinados ao céu. A nossa fé e a graça de Deus participam juntas (At. 15:11); Temos que permanecer no evangelho senão nossa fé é em vão (1Co.15:2); Ef. 1:4-5: Somos eleitos no propósito de sermos santos e irrepreensíveis diante de Deus, predestinados para filhos na adoção por Jesus Cristo. Isso fala no plural, onde indica que somos Eleitos em Cristo para salvação. Rm.8:29-30: conheceu, predestinou para serem conforme imagem de seu filho e chamou, justificou e glorificou:

• Conhecer: (1 Jo.3:6) - Quem peca, não permanece nele nem o conhece;

• Imagem (Cl.3:10) - Temos que nos revestir do novo, renovados no conhecimento;

• Chamar (1 Ts. 4:7) - Deus nos chamou para a santificação (1 Pe.1:15; Hb.12:14).

OBS: Este chamado não é completo, mas um processo dinâmico (1 Pe.5:10)

• Justificar: (Rm.3:30) - Deus justifica pela fé, que é imputada como justiça (Rm.4:5);

DEUS CHAMOU A TODOS:

• Todos pecaram (Rm.3:9-12);

• A justiça e salvação é para todos (Rm.3:22-23);

• A graça foi para todos (Rm.5:18);

• Condição para todos serem filhos (Rm.8:14; Jo.3:16);

• Deus entregou Jesus por todos nós (Rm.8:32; Jo.6:39);

• Deus é rico para com todos os que o invocam (Rm.10:12);

• Misericórdia é para todos (Rm.11:32);

• Santos são todos os que invocam a Jesus (1Co.1:2);

• Todos mortos em Adão e todos vivificados em Cristo (1Co.15:22);

• Jesus morreu por todos, mas todos os querem? (2 Co.5:15);

• Deus quer que todos se salvem pelo único mediador (1 Tm.2:3-6) e se arrependam (2Pe.3:9);

• Jesus morreu por todos (Hb.2:9);

LIVRE-ARBÍTRIO: Adão e Eva escolheram desobedecer a Deus e comer da árvore do bem e do mal (Gn.3:11); Homem pode fazer o bem ou o mal (Gn.4:7); Os homens escolhem se querem servir ou não, a Deus (Js.24:15); Os homens podem escolher entre a porta estreita e a larga (Mt.7:13).

ELEIÇÃO: (para Israel: Rm. 9:11; Rm.11:5-28); Para a igreja (1 Ts.1:4; 2 Pe.1:10). Eleição grego "eklogh ekloge" - Ato soberano de Deus em graça, pelo qual Ele escolheu em Jesus Cristo para a Salvação todos aqueles que de antemão Ele sabia que O aceitariam. 2 PE 1:5-12 - 1 PE 1:2 Presciência grego "prognwsiv prognosis" - ter pré-conhecimento, dos que chegam a vir conhecer (Jo. 6:64). SE: Se não se arrepender, der fruto, perdoar, guardar a Palavra, entrar pela porta, crer, mortificar as obras do corpo, confessar com a boca e crer no coração a cada instante, permanecer, amar a Jesus, combater o combate e ser fiel, PERDE A SALVAÇÃO DADA, pois Jesus pode vir e você ficar no arrebatamento ou morrer sem ter fruto pela comunhão do Espírito Santo.

CAPITULO 7

ESPÍRITO SANTO

NO ANTIGO TESTAMENTO:

* xwr ruwach vdq qodesh – Espírito Santo (Sl.51:11; Is.63:10-11).

NO NOVO TESTAMENTO:

* pneuma pneuma agiov hagios – Espírito Santo.

ESPIRITO SANTO:(Conhecido por seus nomes e símbolos).

1) **É uma pessoa**; exerce atributos de personalidade: a) Mente (Rm.8:27); b) Vontade (1Co.12:11); c) Sentimento (Ef.4:30); A Ele são atribuídos atividades pessoais: a) Revela (2Pe.1:21); b) Ensina (10.14:26); c) Clama (Gl.4:6); d) intercede (Rm.8:26); e) fala (Ap.2:7); f) Ordena (At.16:6,7); g) testifica (1Jo.15:26); h) se entristece (Ef.4:30); i) se mente contra Ele (At.5:3); j) pode ser blasfemado (Mt.12:31,32). Personalidade indicada por vir em forma de pomba (Mt.3:16) e de se distinguir de seus dons (1Co.12:11). O Espírito é como o vento, real apesar de não ter forma corpórea. Conceituá-lo é difícil porque: a) Suas operações nas Escrituras são invisíveis, secretas e internas; b) Ele nunca fala de si mesmo ou se apresenta, sempre se ocultando atrás do Senhor Jesus e nas profundezas de nosso homem interior. (Jo.16:13). Tem personalidade distinta e separada de Deus: Procede de Deus, é enviado por Deus e é dom dado aos homens, mas não é independente de Deus, representando o único Deus nas esferas do pensamento, da vontade e da atividade.

2) **Nomes**: a)Espírito de Deus (Lc. 11:20): b) Deus absoluto: Cria e preserva o Universo. É Deus absoluto pelos seus atributos divinos. Além disso, Ele cria (Gn.1:2), regenera (Jó.33:4) e ressuscita (10.3:5-8;Rm.8:11) sendo classificado com o Pai e o Filho.(1Co.12:4-6; 2Co.13:13; Mt.28:19; Ap.1:4).c) Espírito de Cristo (Rm.8:9) Motivos: 1) Enviado em nome de Jesus(Jo.14:26); 2) Enviado por Cristo (Jo.4:10),que também batiza com Ele(Mt.3:11); 3) Sua missão glorifica Jesus (Jo.16:14); 4) Cristo presente na Igreja por Ele (não tomar o lugar de Jesus, mas fazê-lo real, tornando-o onipresente no mundo) Mt.18:20-Conexão entre Cristo e Espírito é tão íntima que se confunde:Crente em Cristo como no Espírito (Gl.2:20;Rm.8:9,10); d) Consolador (Nos ajuda, ensina, guia e está conosco para enfrentar o mal (Jo.14:16)- Consolador-Parácleto, no grego-Nos tribunais antigos, um amigo era chamado para eventualidades (Advocatus-latim), assistiam seus amigos por amor e consideração, ajudando nos sábios conselhos, amparando nas provas, dificuldades e perigos, sem recompensa ou remuneração.

O ESPIRITO SANTO FAZ DE FORMA INVISIVEL, O QUE JESUS FARIA DE FORMA VISIVEL Jesus enviou Espírito mas é presente nEle(Mesmo nível). CRISTO VIVE EM MIM - A vida de Jesus, sua natureza, sentimentos e virtudes são comunicados aos crentes, pelo Espírito Santo. Jesus continua agindo no céu nos defendendo do acusador dos irmãos e o Espírito Santo faz calar os acusadores da Igreja amada. Não é o Cristo terreno que o Espírito comunica, mas o Cristo Celestial, reinvestido de poder e glória. A vida terrena de Jesus era pobreza (2Co.8:9), ganhou a riqueza da graça na cruz (Ef.1:7) e no trono assegurou sua riqueza de glória (Et.3:16). Depois da ascensão ao Pai enviou o Espírito Santo para comunicar as riquezas de sua herança e ensina mais do que Cristo ensinou, embora nEle. e) Espírito Santo porque é o Espírito do Santo e a sua obra principal é a santificação. Jesus fez algo por nós e em nós, agora. f) Espírito da Promessa Sua graça e poder são algumas das bênçãos prometidas no Antigo Testamento. (Ez.36:7 e Joel 2:28); g) Espírito da Verdade Veio revelar o filho, como intérprete celestial abrindo a mente dos homens para Cristo, guiando à verdade (Jo.16:13). h) Espírito da Graça Dá graça ao homem para que se arrependa; concede poder para santificação, perseverança e serviço (Quem se afasta dele, se separa da misericórdia de Deus.(Hb.10:29; Zc.12:10); i) Espírito da Vida Criador que preserva a vida natural (Rm.8:2; Ap.11:1); 1) Espírito de Adoção (Rm.8:15)-Ele testifica com nosso espírito que somos filhos de Deus.

3) Símbolos: (meramente descrevem suas operações adotados, devido a pobreza da linguagem humana.) ; a) Fogo (Is. 4:4; Mt.3:1 1; Lc.3:16)-limpeza, purificação, intrepidez ardente, zelo produzido pela unção, pois o fogo aquece, ilumina, espalha-se e purifica (Jr.20:9); b)Vento (Ez.37:7-10; Jo.3:8,At.2:2)-Obra regeneradora do Espírito de maneira misteriosa e independente, penetrante, purificante e vivificante. c) Agua (Ex. 17:6; Ex.36:25-27;47:1; Jo.3:5; 4:14; 7:38,39)-Fonte de água viva, mais pura, rio da vida inundando nossas almas, limpando a poeira do pecado, refrescando, saciando a sede, tornando frutífero o estéril, purifica o que está sujo e restaura a beleza. "água viva"correnteza que não está parada como a água fétida de cisternas e brejos; representa a novidade de vida, a cada dia. d) Selo (Ef.1:13; 2Tm.2:1 9)-Expressa: Possessão - sinal seguro de propriedade divina (2 Tm.2:19; Ef.1:13; Ap.7:3); Penhor ou herança, garantia da glória vindoura; zelo pela impressão (Et4:30). e) Azeite - (Símbolo mais comum e conhecido, simbolizando utilidade, frutificação, beleza, vida e transformação. Era usado para alimento, iluminação, lubrificação, cura e alívio da pele. Assim, o Espírito fortalece, ilumina, liberta, cura e alivia a alma. f) Pomba - Significa brandura, doçura, amabilidade, inocência, suavidade, paz, pureza e paciência. Tradução judáica:"o Espírito pousou como pomba sobre as águas.(Gn.1:2) "A pomba que Noé soltou, simboliza a graça de Deus que achou ramo verde.(Gn.8:8)

4) No Antigo Testamento: Revelado de 3 Maneiras:

a) Criador ou Cósmico- Manifesta-se pelas leis da natureza, que são evidências de sua presença e operação. Ele sustenta o homem, crente ou ímpio (Gn.2:7,Jó.33:4; Dn.5:23;

At.17:28);

b) dinâmico ou doador de poder- Cria o homem para o Reino de Deus, em consagração. Duas Classes: Obreiros (homens de ação, organizadores e executivos) ex. Josué, Otoniel, José, Moisés, Gideão, Sansão; etc. e Locutores (profetas e mestres) Profetas: recebiam mensagens de Deus e entregavam ao Povo, poder que descia de tempos em tempos para mensagens não concebidas por suas mentes, que o distinguia dos falsos profetas(Ez.13:2)"profeta", indica inspiração, borbulhar-eloquência-(Jo.7:38). Expressões proféticas indicavam inspiração repentina e sobrenatural, de 3 formas:

Origem: Deus derramou, pôs, deu, encheu com o Espírito aos profetas;

Variedade: O Espírito estava com eles, descansava neles e o tomava.

Influência: Estavam cheios, movidos, tomados pelo Espírito Santo que falava por eles. O "extase" era um domínio espiritual profético, como arrebatamento de espírito (Ez.8:1-3,ls.6; Ap.1:10; At.22:17), semelhantes à experiência de ser batizado ou cheio com o Espírito- Impacto direto do Espírito Santo no espírito humano, onde a pessoa fica num estado estático.

c) Espírito Regenerador: Sua presença acentuada, destacada como bênção futura, com a vinda do Messias, reunindo 4 características:

* Operativo não acentuado-transformador da natureza humana, como presença santificadora que influencia o caráter (SI.51:11);

* Bênção futura - derramar geral do Espírito como fonte de santidade, sem precedentes, para purificar o coração do povo (bel 2:28-32), Sobre toda a carne:sem distinção de idade, sexo ou posição;

* Conexão(vinda-Messias)-Ponto culminante do derramamento é a vinda do Messias-Rei, onde o Espírito Santo pousará com poder (Profeta Perfeito). Messias é o doador do E.Santo. Cristo morre, é glorificado, parte e envia o consolador (Jo.16:7; Jo.7:39; Jo.12:23)

* Características Especiais - Espírito pleno viria somente após obra do filho; seria dado universalmente e moraria permanentemente (Dom).Exceção Elias e Enoque-"cheios"dEle. O Espírito de Deus é Deus em ação dentro de nós, sobre nós ou em torno de nós. É Deus operando, fazendo coisas acontecerem no mundo. Não podemos ver o Espírito, mas podemos ver os resultados do seu poder. O Espírito de Deus estava presente quando o mundo foi criado. Deus enviou seu Espírito para fazer coisas poderosas entre seu povo, Israel. Mais tarde, Deus enviou seu Espirito quando Jesus viveu na terra e desde então o Espírito tem estado presente com os cristãos.

O ESPIRITO NO VELHO TESTAMENTO

A Bíblia usa a palavra "espírito" de três maneiras diferentes:

É um vento de Deus, o sopro da vida e um espírito que enche uma pessoa com emoção forte e poder.

DESCRIÇÕES

No livro de Gênesis, foi o vento de Deus que fez com que as águas do Dilúvio parassem de subir (Gênesis 8:1). Este mesmo vento de Deus soprou gafanhotos por todo o Egito (Êxodo 10:13) e enviou codornizes para os israelitas comerem (Êxodo 14:21). Deus soprou vento de suas narinas para abrir as águas do Mar Vermelho de tal maneira que os israelitas pudessem atravessar em terra seca. Em Gênesis 2:7, lemos que Deus criou o homem soprando Seu Espírito dentro dele. Os seres humanos só têm vida por causa do sopro da vida , ou espírito que está dentro deles. Através do seu Espírito, Deus é a fonte de toda a vida, tanto animal quanto humana. No Velho Testamento o Espírito de Deus algumas vezes enchia as pessoas, fazendo com que elas dissessem ou fizessem coisas que normalmente não poderiam fazer, de modo a atender os propósitos de Deus. As pessoas cheias do Espírito passavam a ter grande responsabilidade por causa do Espírito que estava dentro delas. Líderes eram reconhecidos por causa do Espírito dentro deles.

Em Juízes 3, O Espírito de Deus encheu um homem chamado Otniel. Ele se tornou juiz e foi capaz de vencer uma guerra e manter a paz em Israel durante quarenta anos. O Espírito de Deus também encheu outros juízes tais como Gideão e Jefté. Por causa do Espírito de Deus, eles foram capazes de conquistar seus inimigos. Algumas vezes, como no caso de Saul, Deus mandaria um espírito mau para preencher alguém a fim de que seus planos se cumprissem (I Samuel 16:14-16; Juízes 9:23; I Reis 22:19-23).

O ESPÍRITO ATUANDO ENTRE OS PROFETAS

Os profetas no Velho Testamento tinham a tarefa de entregar mensagens do Espírito de Deus para o povo. Era importante para o povo saber a diferença entre um falso profeta e o verdadeiro profeta de Deus. O termo "Espírito Santo" é usado nos Salmos e em Isaías para separar o Espírito de Deus de qualquer outro espírito, tanto de homem quanto de Deus (Salmo 51:11; Isaías 63:10- 11). Um falso profeta não tinha o Espírito Santo. Um profeta que tinha uma mensagem do Espírito Santo deveria ter o caráter de uma pessoa obediente a Deus. O povo poderia reconhecer o falso profeta pela avaliação de seu caráter bem como pela mensagem que ele entregava. Os profetas escreveram sobre o Espírito de duas maneiras significativas.

O Espírito inspirava profecia que seria conhecida novamente no futuro, quando Jesus estivesse na terra. Os últimos profetas, como Ezequiel, Ageu e Zacarias, proclamaram que o Espírito era o inspirador da profecia. Isto significa que o Espírito lhes deu as palavras que proclamaram e registraram. O Espírito de Deus era responsável por tudo que os escritores da Bíblia registraram. Os profetas também escreveram que Deus mostraria seu poder através do Espírito no futuro. Isaías profetizou que o Espírito viria outra vez para ungir um homem que traria salvação para todas as pessoas (Isaías 11:2; Isaías 42:1; Isaías 61:1). Ele estava falando de Jesus, o Messias. O Messias era o rei que os judeus estavam esperando. Através de Jesus, o Espírito teria liberdade sobre Israel (Ezequiel 39:29; Joel 2:28-29; Zacarias 12:10) como parte de uma nova aliança entre Deus e o homem (Jeremias 31:31-34; Ezequiel 36:26-27).

A aliança era uma promessa de Deus de que mandaria seu Espírito para dirigir seu povo. Os israelitas haviam quebrado sua antiga aliança com Deus porque continuaram a desobedecê-lo. Sob a nova aliança, Deus prometeu perdoá-los. Entre o tempo do Velho e do Novo Testamento, acreditava-se que o Espírito não estava mais presente em Israel. Durante aquele tempo a voz do Espírito não era mais ouvida através da voz dos profetas. Mas o Espírito foi conhecido de novo quando o Messias, Jesus Cristo, veio à terra. Ele é a terceira pessoa da TRINDADE. Ele aplica na vida das pessoas as bênçãos da salvação (Jo 7.38-39). Como Auxiliador (Jo 16.7, NTLH; RA e RC, Consolador), ele dá nova vida (Gl 6.8), convence (Jo 16.8-11), dá força (Rm 8.26-27), distribui DONS (1Co 12.1-11), produz virtudes (Gl 5.22-26). V. ADVOGADO.

REFERENCIA DO ESPÍRITO SANTO NO ANTIGO TESTAMENTO:

GN 1:2- E a terra era sem forma e vazia; e havia trevas sobre a face do abismo; e o Espírito de Deus se movia sobre a face das águas. EX 31:3- E o enchi do Espírito de Deus, de sabedoria, e de entendimento, e de ciência, em todo o lavor; NM 11:17 - Então eu descerei e ali falarei contigo, e tirarei do Espírito que está sobre ti, e oporei sobre eles; e contigo levarão a carga do povo, para que tu não a leves sozinho. JZ 3:10 - E veio sobre ele o Espírito do SENHOR, e julgou a Israel, e saiu à peleja; JZ 14:6 - Então o Espírito do SENHOR se apossou dele tão poderosamente que despedaçou o leão, como quem despedaça um cabrito, sem ter nada na sua mão; porém nem a seu pai nem a sua mãe deu a saber o que tinha feito. 1 SM 10:6- E o Espírito do SENHOR se apoderará de ti, e profetizarás com eles, e tornar-te- ás um outro homem. 1 SM 11:6- Então o Espírito de Deus se apoderou de Saul, ouvindo estas palavras; e acendeu-se em grande maneira a sua ira. 1 SM 16:13 - Então Samuel tomou o chifre do azeite, e ungiu-o no meio de seus irmãos; e desde aquele dia em diante o Espírito do SENHOR se apoderou de Davi; então Samuel se levantou, e voltou a Ramá. 2 SM 23:2 - O Espírito do SENHOR falou por mim, e a sua palavra está na minha boca. NE 9:20 - E deste o teu bom Espírito, para os ensinar; e o teu maná não retiraste da sua boca; e água lhes deste na sua sede. NE 9:30 - Porém estendeste a tua benignidade sobre eles por muitos anos, e testificaste contra eles pelo teu Espírito, pelo ministério dos teus profetas; porém eles não deram ouvidos; por isso os entregaste nas mãos dos povos das terras.

SL 33:6 - Pela palavra do SENHOR foram feitos os céus, e todo o exército deles pelo espírito da sua boca.

SL 104:30 - Envias o teu Espírito, e são criados, e assim renovas a face da terra. SL 139:7- Para onde me irei do teu Espírito, ou para onde fugirei da tua face?

SL 143:10 – Ensina-me a fazer a tua vontade, pois és o meu Deus. O teu Espírito é bom; guie-me por terra plana. IS 11:2 - E repousará sobre ele o Espírito do SENHOR,o espírito de sabedoria e de entendimento, o espírito de conselho e de fortaleza, o espírito de conhecimento e de temor do SENHOR.

IS 32:15 - Até que se derrame sobre nós o Espírito lá do alto; então o deserto se tornará em campo fértil, e o campo fértil será reputado por um bosque. IS 40:13 - Quem guiou o Espírito do SENHOR, ou como seu conselheiro o ensinou? Com quem tomou ele conselho, que lhe desse entendimento, e lhe ensinasse o caminho do juízo, e lhe ensinasse conhecimento, e lhe mostrasse o caminho do entendimento?

IS 42:1 - EIS aqui o meu servo, a quem sustenho, o meu eleito, em quem se apraz a minha alma; pus o meu Espírito sobre ele; ele trará justiça aos gentios.

IS 44:3 - Porque derramarei água sobre o sedento, e rios sobre a terra seca; derramarei o meu Espírito sobre a tua posteridade, e a minha bênção sobre os teus descendentes.

IS 48:16- Chegai-vos a mim, ouvi isto: Não falei em segredo desde o princípio; desde o

tempo em que aquilo se fez eu estava ali, e agora o Senhor DEUS me enviou a mim, e o seu Espírito.

IS 59:19 - Então temerão o nome do SENHOR desde o poente, e a sua glória desde o nascente do sol; vindo o inimigo como uma corrente de águas, o Espírito do SENHOR arvorará contra ele a sua bandeira.

IS 59:20-21- E virá um Redentor a Sião e aos que em Jacó se converterem da transgressão, diz o SENHOR. Quanto a mim, esta é a minha aliança com eles, diz o SENHOR: o meu espírito, que está sobre ti, e as minhas palavras, que pus na tua boca, não se desviarão da tua boca nem da boca da tua descendência, nem da boca da descendência da tua descendência, diz o SENHOR, desde agora e para todo o sempre.

IS 61:1 - O ESPIRITO do Senhor DEUS está sobre mim; porque o SENHOR me ungiu, para pregar boas novas aos mansos; enviou-me a restaurar os contritos de coração, a proclamar liberdade aos cativos, e a abertura de prisão aos presos;

IS 63:10- Mas eles foram rebeldes;contristararn seu Espírito Santo; por isso se lhes tomou em inimigo, e ele mesmo pelejou contra eles. Todavia se lembrou dos dias da antiguidade, de Moisés, e do seu povo, dizendo: Onde está agora o que os fez subir do mar com os pastores do seu rebanho? Onde está o que pôs no meio deles o seu Espírito Santo?

IS 63:14- Como o animal que desce ao vale, o Espírito do SENHOR lhes deu descanso; assim guiaste ao teu povo, para te fazeres um nome glorioso.

EZ 3:12 - E levantou-me o Espírito, e ouvi por detrás de mim uma voz de grande estrondo, que dizia: Bendita seja a glória do SENHOR, desde o seu lugar.

EZ 8:3 - E estendeu a forma de uma mão, e tomou-me pelos cabelos da minha cabeça; e o Espírito me levantou entre aterra e o céu, e levou-me a Jerusalém em visões de Deus, até à entrada da porta do pátio de dentro, que olha para o norte, EZ 36:27 - E porei dentro de vós o meu Espírito, e farei que andeis nos meus estatutos, e guardeis os meus juízos, e os observeis. EZ 37:1 - VEIO sobre mim a mão do Senhor e ele me fez sair no Espírito do Senhor; me pôs no meio do vale que estava cheio de ossos.

EZ 37:9 - E ele medisse: Profetiza ao Espírito, profetiza, ó filho do homem, e dize ao Espírito: Assim diz o Senhor DEUS: Vem dos quatro ventos, ó Espírito, e assopra sobre estes mortos, para que vivam.

JL 2:28 - E há de ser que, depois derramarei o meu Espírito sobre toda a carne, e vossos filhos e vossas filhas profetizarão, os vossos velhos terão sonhos, os vossos jovens terão visões. E também sobre os servos e sobre as servas naqueles dias derramarei o meu Espírito. MQ 2:7 - O vós que sois chamados casa de Jacó, porventura encurtou-se o Espírito do SENHOR? São estas as suas obras? E não é assim que fazem bem as minhas palavras ao que anda retamente?

MQ 3:8 - Mas estou cheio do poder do Espírito do Senhor, de juízo e força, p/anunciar a Jacó a sua transgressão e a Israel o seu pecado.

AG.2:5- Segundo a palavra da aliança que fiz convosco, quando saístes do Egito, o meu Espírito permanece no meio de vós; não temais.

ZC.4:6- E respondeu-me, dizendo: Esta é a palavra do SENHOR a Zorobabel, dizendo: Não por força riem por violência, mas sim pelo meu Espírito, diz o SENHOR dos Exércitos.

ZC.7:12 - Sim, fizeram os seus corações como pedra de diamante, para que não ouvissem a lei, nem as palavras que o SENHOR dos Exércitos enviara pelo seu Espírito por intermédio dos primeiros profetas; daí veio a grande ira do SENHOR dos Exércitos.

ZC 12:10- Mas sobre a casa de Davi, e sobre os habitantes de Jerusalém, derramarei o Espírito de graça e de súplicas; e olharão para mim, a quem traspassaram; e pranteá-lo-ão sobre ele, como quem pranteia pelo filho unigênito; e chorarão amargamente por ele, como se chora amargamente pelo primogênito.

CAPITULO 8

- IGREJA:

1) O QUE É IGREJA?

Igreja é um grupo de pessoas que se reúnem para aprender sobre Deus e adorá-Lo sempre. No tempo do Novo Testamento era um termo novo, que aparece só em dois versículos dos Evangelhos (Mateus 16:18 e Mateus 18:17).

Lucas o usou bastante no livro de Atos tornando-o mais comum. Paulo também escreveu sobre a igreja na maioria de suas cartas; e João, no Apocalipse. Igreja são o grupo de seguidores de Cristo que se reúnem em determinado lugar para adorar a Deus, receber ensinamentos, evangelizar e ajudar uns aos outros (Rm 16.16). Como a totalidade das pessoas salvas em todos os tempos (Ef 1.22). No Velho Testamento Israel era simplesmente "a congregação". A palavra era também usada pelos primeiros cristãos. Com frequência os cristãos se referiam a si próprios como a igreja ou a congregação. De fato, este é o real significado da palavra "igreja", que se aplicava tanto a todos os fiéis no mundo como para qualquer grupo local. Significava a presença total de Deus num dado local. O Novo Testamento frequentemente usa o singular "igreja" mesmo quando muitos grupos de fiéis se reúnem (Atos 9:31; II Coríntios 1;1).O termo "igrejas" é raramente encontrado (Atos 15:41; 16:5). Cada grupo era o lugar onde Deus estava presente (Mateus 16:18; 18:17). Deus comprou a congregação com o sangue de seu Filho (Atos 20:28). No mundo grego, "igreja" designava uma assembléia de pessoas ou reunião. Podia ser um grupo político ou simplesmente um ajuntamento de pessoas. A palavra é usada com esse sentido em Atos 19:32, 39, 41. Os usos cristãos específicos dessa palavra variam amplamente no Novo Testamento. Algumas se referem a uma reunião de igreja. Paulo diz aos cristãos em Corinto: "...quando vos reunis como igreja É"(I Coríntios 11:18).

1. Isso significa que os cristãos são o povo de Deus, especialmente quando se juntam para adoração.

2. Em textos como Mateus 18:17, Atos 5:11, I Coríntios 4:17 e Filipenses 4:15, "igreja" se refere a todo o grupo de cristãos morando num lugar. Com frequência, se refere à localização específica de uma congregação cristã. Observe as frases "a igreja em Jerusalém" (Atos 8:1), "em Corinto" (I Coríntios 1:2), "em Tessalônica" (I Tessalonicenses 1:1).

3. Em outros lugares, reuniões de cristãos nas casas são chamadas igrejas. Por exemplo, alguns se reuniam na casa de Priscila e Áquila (Romanos 16:5, I Coríntios 16:19).

4. Através do Novo Testamento, "a igreja" se refere à igreja universal. Todos os fiéis pertencem a ela (Atos 9:31; I Coríntios 6:4; Efésios 1:22; Colossenses 1:18). A primeira palavra de Jesus sobre o fundamento do movimento cristão em Mateus 16:18 tem esse sentido mais amplo: "Edificarei a minha igreja e as portas do inferno não prevalecerão sobre ela". A igreja é uma realidade universal. Mas em sua expressão local, Paulo a ela se refere como "a igreja de Deus" (I Coríntios 1:2; 10:32) ou "as igrejas de Cristo" (Romanos 16:16). Dessa forma um termo grego comum recebe seu significado cristão distinto. Ela faz uma distinção entre a assembléia/ajuntamento/comunidade cristã e todos os outros grupos seculares ou religiosos. A comunidade cristã se aceitou como a comunidade dos tempos finais. Ela se viu como um povo chamado para cumprir os propósitos de Deus em enviar Jesus de Nazaré e sua divina presença. Assim, Paulo diz aos cristãos de Corinto que eles são aqueles "sobre quem os fins dos séculos têm chegado" (I Coríntios 10:11). Isto é, Deus chamou de novo povo tanto o judaísmo como o mundo gentio. Eles receberiam o poder do Espírito Santo. Compartilhariam as Boas Novas (Evangelho) do amor absoluto de Deus pela sua criação (Efésios 2:11-22).

Os Evangelhos nos relatam que Jesus escolheu 12 discípulos que se tornaram base desse novo povo. Entendia-se que a igreja era o preenchimento da intenção de Deus em chamar Israel para ser "luz para os gentios, para seres a minha salvação até a extremidade da terra" (Isaías 49:6; Romanos 11:1-5). Nessa nova comunidade as velhas barreiras de raça, posição social e sexo seriam derrubados. "Não pode haver judeu nem grego; nem escravo nem liberto; nem homem nem mulher, porque todos vós sois um em Cristo Jesus" (Gálatas 3:28). Essa entidade é chamada "corpo de Cristo".

Paulo é o único dentre os escritores do Novo Testamento a falar da igreja como corpo de Cristo (Romanos 12:5; Efésios 1:22-2, 4:12; I Coríntios 12:12-13). O pensamento de Paulo pode ter duas explicações:

1. A experiência da estrada de Damasco.

Conforme relatos no livro de Atos, Jesus se identifica com seus discípulos perseguidos (Atos 9:3-7, 22:6-11, 26:12-18). Na perseguição aos primeiros cristãos, que formavam um corpo, Paulo estava de fato lutando contra o próprio Cristo.

2. O conceito hebreu de solidariedade.

Paulo era hebreu de hebreus (Filipenses 3:5) e nesse contexto, o indivíduo é totalmente considerado parte de uma nação, não tendo via real isolado do todo. Ao mesmo tempo, todo o povo pode ser representado por um indivíduo. A realidade dessa íntima relação entre Cristo e sua igreja é vista por Paulo como análoga à unidade e conexão do corpo físico (Romanos 12:4-8, I Coríntios 12:12-27). Assim, todas as funções do corpo têm seu lugar exato. Divisão no corpo (isto é, na igreja) revela que há algo doente nele. Por diversas vezes Paulo exortou o "corpo de Cristo" à unidade.

REUNIÕES DA IGREJA

A palavra grega *ecclesia* é normalmente traduzida como "igreja".

O Novo Testamento algumas vezes fala de uma assembléia grega secular (Atos 19:32,41). Em muitas passagens, como em I Coríntios 14: 19, 28, 35, Paulo se refere a igreja como uma reunião de fiéis que formam uma congregação local. Igreja também pode significar todos os fiéis (passados, presentes e futuros) que formam a igreja universal, o completo corpo de Cristo. Há muitas igrejas citadas no Novo Testamento, às quais os apóstolos escreveram cartas de exortação, aconselhamento e instrução (Romanos 16: 3-5, 14, 15: I Coríntios 1:1; I Coríntios 16: 19-20; Colossenses 4: 15-16; Filemom 1: 1-2).

ADORAÇÃO

Quando a igreja se iniciou em Jerusalém, os fiéis se reuniam nos lares para comunhão e adoração. Atos 2: 42-47 nos conta que os primeiros cristãos se reuniam nos lares para ouvir os ensinamentos dos apóstolos e para celebrar a Comunhão ("o partir do pão"). Nesses encontros, também compartilhavam refeições (II Pedro 2:13; Judas 1:12), recitavam as Escrituras, cantavam hinos e salmos e alegremente louvavam ao Senhor (Efésios 5:18-20, Colossenses 3: 16-17). Também se reuniam nos lares para orar (Atos 12:12), ler a Palavra e para ouvir a leitura de uma carta dos apóstolos (Atos 15:30, Colossenses 4:16).

ECLESIOLOGIA: DOUTRINA DA IGREJA: ekklhsia ekklesia:

Não é o judaísmo ampliado, mas o "sinal" do Reino Divino. A verdadeira Igreja de Jesus Cristo são os corações humildes dos servos fiéis e adoradores, que aguardam sua vinda.

NATUREZA DE IGREJA: Projeto de Jesus para a sociedade; parte do Reino de Deus e não é organização ou governo, mas viva e espiritual.

A INSTITUIÇAO E OS CRISTAOS:

QUANTO À INSTITUIÇÃO:

Palavra grega: "EKKLESIA", significa uma assembléia de chamados para fora. Este termo se aplica a:

a) todo o corpo de cristãos de uma sociedade (At.11:22;13:1);

b) uma congregação (1Co.1:2; 1Co.14:19,35;Rm.16:5);

c) todo o corpo de crentes na terra (Ef.5:32);

d) A assembléia do povo de Israel (At.7:38);

OBSERVAÇÃO: O Templo (LOCAL),difere de denominação (Política), que difere de membrezia (humana), que é diferente de Corpo de Cristo (espiritual), que é o grupo dos regenerados desde Pentecostes ao arrebatamento.

QUANTO AOS SEGUIDORES: Outros nomes:

a) Irmãos: A igreja é uma fraternidade ou comunhão espiritual, devendo ser abolidas as divisões que separam a humanidade. Ex: "Nem grego nem judeu"-mais profunda das divisões religiosas; "Nem grego nem bárbaro"- mais profunda das divisões culturais; "Nem servo nem livre"- mais profundas das divisões sócias- econômicas; "Nem macho nem fêmea"-mais profunda de todas as divisões humanas vencidas", conforme (1Co.14:26; Cl.3:11; Gl.3:28).

b) Crentes-Porque na sua doutrina a característica é a fé no Senhor Jesus, conforme (1Co.1:21; Gl.3:22; 1Tm.6:2);

c) Santos-(consagrados ou piedosos) porque estão separados do mundo e dedicados a Deus, conforme (Rm.1:7;1Co.7:14; Ef.3:8);

d) Os eleitos ou escolhidos porque Deus os escolheu para um ministério importante e um destino glorioso, conforme (Cl.3:21; Rm.11:7;Mc.13:20);

e) Discípulos-Aprendizes-sob preparação espiritual com instrutores inspirados por Cristo, conforme(Mt.5:1;At.21:4;Jo.21:8);

f) Cristãos-porque a sua religião gira em torno da Pessoa de Cristo, conforme (At.11:26);

g) Os do Caminho: Nos dias primitivos porque viviam de acordo com uma maneira especial de viver(At.9:2);

h) Da seita(dos nazarenos)- porque somos seguidores de Jesus Cristo de Nazaré, conforme (At.24:5).

OBS : Nome "Católico" é uma transliteração do termo grego Kathólicos, que significa universal ou geral. No século II D.C., essa palavra tornou-se sinônimo de ortodoxo, ou seja, a igreja que mantinha a doutrina verdadeira, em contraste com heresias da época. Durante a Reforma Protestante, a palavra veio a designar as igrejas que aderiram ao papado. Foi durante a cristianização do império romano, quando surgiu um clero formal e oficial, que a igreja se institucionalizou. Conforme Cipriano (258 D.C.) A igreja era uma "instituição salvadora". A Igreja Cristã é espiritual e fiel.

ILUSTRAÇÕES DA IGREJA:

a) Corpo de Cristo: Cristo está presente no mundo por meio da igreja, o qual é seu corpo tomado da raça humana em geral. A vida de Jesus continua a ter expressão por meio dos seus discípulos como se evidencia no livro de Atos dos Apóstolos e pela subsequente história da Igreja.(Jo.20:21). Cristo prometeu assumisse novo corpo (Jo.15:5). Jesus é conhecido no mundo mediante os que tomam o seu nome e participam de sua vida. Na medida em que a igreja tem contato com Crista, sua cabeça, assim tem participado de sua vida e experiências. Tal qual Jesus, a igreja foi ungida, ameaçada, perseguida, mas ressuscita indestrutivelmente (Cl.1:24). O corpo de Cristo é composto de almas nascidas de novo (1Co.12:13). O cristão não é meramente seguidor de Cristo, mas membro de Cristo e membros uns dos outros.

b) Templo de Deus: (1Pe.2:5-6): Templo é um lugar em que Deus, que habita em toda parte, se localiza a sim mesmo em determinado lugar, onde o seu povo o possa achar "em casa, referencial de fé." Assim como Deus morou no tabernáculo e no templo, assim vive, por seu Espírito na Igreja (Pessoas transformadas e não na denominação). Neste templo espiritual, os cristãos, como sacerdotes oferecem sacrifícios espirituais, sacrifícios de oração, louvor e boas obras cristãs. (Ef.2:21,22; 1Co.3:16,17).

c) Noiva de Cristo: Ilustração usada tanto no Antigo Testamento quanto no Novo testamento, descrevendo a união e comunhão de Deus com seu povo. (2Co.11:2; Ef.5:25-27; Ap.19:7; 21:2; 22:17).

FUNDAÇÃO DA IGREJA:

a) Proféticamente: Assim como Israel foi uma nação chamada dentre outras para servir a Deus, na tradução do Antigo testamento para o Grego, a palavra congregação (de Israel) foi traduzida para "ekklesia"(igreja), que continuaria sua obra na terra (Mt.16:18).

b) Historicamente: Surgida no dia de Pentecostes pela unção do Espírito Santo, como retorno da shekinah, a Glória manifestada no tabernáculo, onde a obra foi feita pelo Espírito, operando mediante os apóstolos, que lançaram os fundamentos e edificaram a igreja por sua pregação, ensino e organização. (Ef.2:20).

MEMBROS DA IGREJA: Condições:

a) Fé implícita no Evangelho e confiança sincera e de coração em Cristo como único e divino salvador (At.16:31);

 b) submeter-se ao batismo nas águas como testemunho simbólico da fé em Cristo (Cl.2:12;1Pe.3:21);

c) confessar verbalmente esta fé (Rm.10:9,10; Mt.3:6;1 Jo.1:9). Entrar na Igreja não é questão de unir-se à organização, mas tornar-se membro de Cristo. Atualmente, a igreja tem aumentado em número e popularidade, com batismo e catequese (ensino),mas poucos se convertem, ou seja, poucas pessoas são verdadeiramente cristãs de coração, assim, existem cristãos verdadeiros em meio a cristãos de nome. Devemos distinguir a igreja invisível (composta dos verdadeiros cristãos de todas as denominações, cujos nomes estão escritos no livro da vida (Fl.4:3;Ap.3:5), da igreja visível (composta de todos os que professam ser cristãos, cujos nomes estão escritos no rol de membros (Mt.13:36-43; 47-49; 2Tm.2:19-21). Igreja é uma fase do Reino de Deus, fato este descrito por:a) ensino (Mt.16:18-19);

d)parábolas (Mt.13) e c)descrição de Paulo da obra cristã como parte do Reino de Deus (CoI.4:11). A igreja pode ser considerada como arte do reino de Deus porque prega a mensagem que trata do novo nascimento do homem, pelo qual se obtêm entrada nesse Reino. (Jo.3:3- 5;1 Pe.1:23).

OBRAS DA IGREJA:

a) Pregar a Salvação a toda criatura (mat.28:19,20) e explanar o plano de salvação tal qual é ensinado nas escrituras. Cristo tornou acessível à salvação para provê-la; a igreja deve torná-la real por proclamá-la.

b) Prover meios de adoração Assim como Israel possuía um sistema de adoração divinamente estabelecido, a igreja deve ser uma casa de oração para todos os povos, onde Deus é cultuado em adoração, oração e testemunho.

c) Prover comunhão religiosa: O homem é um ser social e anela por comunhão e amizade, por isso precisa se congregar com os que participam da mesma realidade espiritual. A igreja provê uma comunhão baseada na paternidade de Deus e no fato de ser Jesus o Senhor de todos, nesta fraternidade de experiência espiritual comum, livrando-os da solidão e desamparo pela solidariedade, no calor do amor da comunhão.

d) Sustentar uma norma de conduta moral: A igreja é a "luz do mundo", significando afastar a falta de entendimento da ignorância moral; é o "sal da terra", que preserva podridão da corrupção moral. A igreja deve ensinaras homens a viverem bem e se prepararem para a morte.

e) Deve proclamar o plano de Deus para regulamentar todas as esferas da vida e sua atividade, contra as tendências de corrupção social, admoestando contra os perigos malignos.

ORDENANÇAS DA IGREJA:

O Cristianismo não é uma religião baseada somente em ritos (normas religiosas de culto). O Espírito Santo nos dá liberdade para o adorarmos. Sacramento é a participação direta da graça ao que participa da ordenança. Há duas cerimônias essenciais e divinamente ordenadas: O Batismo e a Ceia.

a) O BATISMO NAS AGUAS:

O batismo de Jesus foi o principal evento de sua vida porque marcou o início de seu ministério. Muito poucos estudiosos discutem hoje o fato de que João Batista batizou Jesus, mas o exato propósito e importância do seu batismo ainda são matéria controversa. Os relatos dos Evangelhos concordam que quando João batizava outras pessoas esse ato era um sinal do arrependimento delas (Mateus 3:6-10; Marcos 1:4-5 e Lucas 3:3-14). Ele proclamava que o reino dos céus estava próximo e que o povo de Deus deveria se prepara para a vinda do Senhor pela renovação da fé em Deus. Para João, isso significava arrependimento, confissão de pecados e vida de retidão. Se era assim, por que Jesus precisaria ser batizado? Se Jesus não era pecador, como o Novo Testamento diz (II Coríntios 5:21); Hebreus 4:15 e I Pedro 2:22), por que Ele se submeteu ao batismo de arrependimento para perdão de pecados? Os Evangelhos respondem.

O BATISMO NAS AGUAS NO EVANGELHO DE MARCOS

Marcos apresenta o batismo de Jesus como uma preparação necessária para seu período de tentação e ministério. Em seu batismo Jesus recebeu a aprovação do Pai e a unção do Espírito Santo (Marcos 1:9-11). A ênfase de Marcos na relação especial de Jesus com o Pai, - "Tu és o meu Filho amado, em ti me comprazo"(Marcos 1:11) - aproxima duas importantes referências do Velho Testamento. A messianidade de Jesus é apresentada de uma maneira totalmente nova, na qual o Messias reinante (Salmo 2:7) é também o Servo Sofredor do Senhor (Isaías 42:1). A crença popular judaica esperava um Messias reinante que estabeleceria o reino de Deus, não um Messias que sofreria pelo povo. No pensamento dos judeus a chegada do reino dos céus estava também associada com ouvir a voz de Deus e com a dádiva do Espírito de Deus.

O BATISMO NAS AGUAS NO EVANGELHO DE MATEUS

O relato de Mateus sobre o batismo de Jesus é mais detalhado do que o de Marcos. Começa destacando a relutância de João Batista em batizar Jesus (Mateus 3:14), que foi persuadido somente depois de Jesus lhe ter explicado: "Deixa por enquanto, porque assim nos convém cumprir toda a justiça." (Mateus 3:15). Embora o significado pleno dessas palavras seja impreciso, elas pelo menos sugerem que o batismo de Jesus era necessário para cumprir a vontade de Deus. Tanto no Velho como no Novo Testamento (Salmo 98:2-3; Romanos 1:17) a justiça de Deus é vista como a salvação Dele para o Seu povo. Por isso o Messias pode ser chamado de "O Senhor é nossa justiça" (Jeremias 23:6, Isaías 11:1-5). Jesus disse a João Batista que seu batismo era necessário para fazer a vontade de Deus em trazer a salvação sobre seu povo. Assim a declaração do Pai no batismo de Jesus é apresentada na forma de uma declaração pública. Enfatizava que Jesus era o servo ungido de Deus pronto para iniciar seu ministério, trazendo a salvação do Senhor.

O BATISMO NAS ÁGUAS NO EVANGELHO DE LUCAS

Lucas menciona rapidamente o batismo de Jesus, colocando-o em paralelo ao batismo de outros que se referiram a João Batista (Lucas 3:21-22). Ao contrário de Mateus, Lucas coloca a genealogia de Jesus depois de seu batismo e antes do início de seu ministério. O paralelo com Moisés, cuja genealogia ocorre logo antes do início de seu trabalho (Êxodo 6:14-25), não é mera coincidência. Provavelmente pretendeu-se ilustrar o papel de Jesus ao trazer livramento (salvação) ao povo de Deus assim como Moisés fez no Velho Testamento. Em seu batismo, na descida do Espírito Santo sobre si, Jesus estava apto a desempenhar a missão para a qual Deus O havia chamado. Em seguida a sua tentação (Lucas 4:1-13), Jesus entrou na sinagoga e declarou que havia sido ungido pelo Espírito para proclamar as boas novas (Lucas 4:16-21). Que o Espírito se fez presente no Seu batismo para ungi-lo (Atos 10:37-38). Em seu relato, Lucas tentou identificar Jesus com as pessoas comuns. Isso é visto no berço da história (com Jesus nascido num estábulo e visitado por humildes pastores, Lucas 2: 8-20) e através da genealogia (enfatizando a relação de Jesus com toda a humanidade, Lucas 3:38) logo depois do batismo. Assim, Lucas via o batismo como o primeiro passo de Jesus para se identificar com aqueles que Ele veio salvar. Somente alguém que era semelhante a nós poderia se colocar em nosso lugar como nosso substituto para ser punido com morte pelo pecado. Jesus se identificou conosco a fim de mostrar Seu amor por nós.No Velho Testamento o Messias era sempre inseparável do povo que representava (veja Jeremias 30:21 e Ezequiel 45-46).

Embora o "servo" em Isaías seja algumas vezes visto de maneira conjunta (Isaías 44:1) e outras vezes como indivíduo (Isaías 53:3), ele é sempre visto como o representante do povo de Deus (Isaías 49:5-26), assim como o servo do Senhor. Evidentemente Lucas, bem como Marcos e Mateus, estava tentando mostrar que Jesus, como representante divino do povo, tinha se identificado com ele no batismo.

O BATISMO NAS AGUAS NO EVANGELHO DE JOÃO

O quarto Evangelho não diz que Jesus foi batizado, mas que João Batista viu o Espírito descendo sobre Jesus (João 1:32-34). O relato enfatiza que Jesus foi a João Batista durante seu ministério de pregação e batismo; João Batista reconheceu que Jesus era o Cristo, que o Espírito de Deus estava sobre Ele e que era o Filho de Deus. João Batista também reconheceu que Jesus, batizava com o Espírito Santo, ao contrário de si mesmo (João 1: 29-36). João Batista descreveu Jesus como o "Cordeiro de Deus que tira o pecado do mundo" (João 1:29). O paralelo do Velho Testamento mais próximo desta afirmação se encontra na passagem do "servo do Senhor" (Isaías 53: 6-7). É possível que "Cordeiro de Deus" seja uma tradução alternativa da expressão aramaica "servo de Deus". A idéia de Jesus como aquele que tira os pecados das pessoas é obviamente o foco do quarto Evangelho. Seu escritor sugere que João Batista entendeu que Jesus era o representante prometido e salvador do povo.

O BATISMO CRISTÃO: baptisma baptisma - Rito de Ingresso na Igreja Cristã, e simboliza o começo da vida espiritual. Sugere a fé em Cristo e é administrado somente uma só vez porque pode haver somente um começo de vida espiritual. Batismo é o anúncio público de uma experiência pessoal. É um ato cristão de obediência e um testemunho público do desejo do crente de se identificar com Cristo e segui-lo. Jesus nos deu seu exemplo e ordenou o ensino sobre o batismo. João Batista batizou Jesus no Rio Jordão, deixando-nos o exemplo para fazer o mesmo como uma afirmação pública da nossa fé. Da mesma forma, Jesus mandou que seus discípulos batizassem outros crentes (Mateus 28:19). O batismo é um símbolo da morte, sepultamento e ressurreição de Cristo. É uma visão externa da mudança interna de uma pessoa. O crente deixa para trás a velha maneira de viver em troca de uma nova vida em Cristo. É símbolo de salvação - não um requisito para a vida eterna. Entretanto, como um ato de obediência, também não é opcional para os cristãos. O batismo indica nosso desejo de dizer à nossa igreja e ao mundo que estamos comprometidos com a pessoa de Jesus e seus ensinamentos.

O BATISMO DE JOÃO

Batismo significa mergulhar ou imergir. Um grupo de palavras diversas podem ser usadas para significar um rito religioso para um ritual de limpeza. No Novo Testamento, se tornou o rito de iniciação na comunidade cristã e era interpretado como morte e nascimento em Cristo. João, o Batista, pregava o "batismo de arrependimento para o perdão dos pecados" (Lucas 3:3).Todos os evangelistas concordam sobre isso (Mateus 3:6-10; Marcos 1:4-5; Lucas 3:3- 14). Reconhecemos o batismo como símbolo do nosso redirecionamento na vida. Nós nos arrependemos de nossa velha maneira de viver em pecado e desobediência. Mudamos a rota e damos uma nova partida. As origens do batismo de João são difíceis de traçar. Possui semelhanças e diferenças em relação a obrigações e exigências feitas pelos judeus aos pagãos novos convertidos, tais como o estudo da Torá, circuncisão e o ritual do banho para expiar todas as impurezas do passado gentio. A prática do batismo de João tinha os seguintes resultados:

1. Era intimamente relacionado com arrependimento radical, não somente dos judeus, mas também dos gentios.

2. Indicava claramente ser preparado para o Messias, que batizaria com o Espírito Santo e traria o batismo de fogo (Mateus 3:11).

3. Simbolizava purificação moral e assim preparava as pessoas para a vinda do reino

de Deus (Mateus 3:2; Lucas 3:7-14).

4. A despeito da óbvia conexão entre o cerimonial de João e a igreja primitiva, o batismo realmente desapareceu do ministério direto de Jesus. De início, Jesus permitiu que seus discípulos continuassem o ritual (João 3:22), porém mais tarde aparentemente ele descontinuou essa prática (João 4:1-3), provavelmente pelas seguintes razões:

1. A mensagem de João era funcional, enquanto a de Jesus era pessoal.

2. João antecipou a vinda do reino de Deus, enquanto Jesus anunciou que o Reino já havia chegado.

3. O rito de João era uma passagem intermediária até o ministério de Jesus.

AS CONCLUSÕES DOS EVANGELHOS

Nos quatro Evangelhos está claro que o Espírito Santo veio sobre Jesus no seu batismo para capacitá-lo a fazer a obra de Deus. Os quatro escritores reconheceram que Jesus foi ungido por Deus para cumprir sua missão de trazer salvação ao mundo. Essas idéias são a chave para o entendimento do batismo de Jesus. Naquela ocasião no início de seu ministério, Deus ungiu Jesus com o Espírito Santo para ser o mediador entre Deus e o seu povo. No seu batismo Jesus foi identificado como aquele que carregaria os pecados das pessoas; Jesus foi batizado para se identificar com o povo pecador. Da mesma forma, nós somos batizados para nos identificarmos com o ato de obediência de Jesus. Seguimos seu exemplo fazendo uma pública confissão do nosso comprometimento com a vontade de Deus. Cerimônia em que se usa água e por meio da qual uma pessoa se torna membro de uma igreja cristã. O batismo é sinal de arrependimento e perdão (At 2.38) e união com Cristo (Gl 3.26-27), tanto em sua morte como em sua ressurreição (Rm 6.3-5).

CARACTERISTICAS DO BATISMO:

a) MODO: "batizar"significa mergulhar ou imergir. Do grego "baptisma", significa imersão, submersão:

b) de calamidades e aflições nas quais alguém é submergido completamente;

c) do batismo de João, aquele rito de purificação pelo qual as pessoas, mediante a confissão dos seus pecados, comprometiam-se a uma transformação espiritual, obtinham perdão de seus pecados passados e qualificava-se para receber os benefícios do reino do Messias que em breve sena estabelecida. Este era um batismo cristão válido e foi o único batismo que os apóstolos receberam.

d) do batismo cristão; um rito de imersão na água, como ordenada por Cristo, pelo qual alguém, depois de confessar seus pecados e professar a sua fé em Cristo, tendo nascido de novo pelo Santo Espírito para uma nova vida, identifica-se publicamente com a comunhão de Cristo e a igreja (Mt.28:19,20). Em Rm 6:3, Paulo afirma que fomos "batizados na sua morte", significando que estamos não apenas mortos para os nossos antigos caminhos, mas que eles foram sepultados. Retornar a eles é tão inconcebível para um Cristão quanto para alguém desenterrar um cadáver. O mandamento judáico sugeria batismo de prosélito"conversão de um pagão ao judaismo". O convertido ficava de pé na água até o pescoço e enquanto era lida a Lei, ele submergia na água como sinal de que fôra purificado das contaminações do paganismo e começara uma vida nova como membro do povo da aliança PAGÃO:AQUELES NÃO RECONHECIDOS JUDES, SEGUIDOR PRATICANTE DA LEI DE MOISÉS. Submersão x Aspersão (Derramar Agua):lnfluenciada por idéias pagãs não-bíblicas, a aspersão é administrada somente aos enfermos e moribundos que não podem ser imergidos em água. O método prático se generalizou. Contudo, o método correto e bíblico é a imersão o qual corresponde ao significado simbólico do batismo, a saber, morte, sepultura e ressurreição de Jesus (Rm.6:1-4).

PEDOBATISMO (BATISMO DE CRIANÇAS): O batismo não é a mesma coisa que circuncisão (tirar o prepúcio dos meninos como aliança de Moisés) e não era o mesmo sentido de santificação moral como em (1Co.7:14). Não é possível porque restringe-se sua prática aos que podem exercer a fé conscientemente e além disso, batismo de famílias não as incluíam, podendo terem sido batizadas as maiores que já entendessem o seu significado (1Pe.3:21). Infantes não têm pecado para se arrependerem e não podem exercer a fé; podem ir a Cristo (Mt.19:13,14) e serem apresentados (consagrados), conforme (Lc.2:21-34); Fórmula: Batizando em nome do Pai, do Filho e do Espírito Santo (Mt. 28:19). Em (At.2:38), o original grego fala do batismo "sobre" o nome de Cristo, significando uma declaração de reconhecimento de fé em Jesus e não uma fórmula batismal. Ser batizado em nome de Jesus significa encomendar-se inteira e eternamente a Ele como Salvador enviado do Céu, e a aceitação de sua direção como guia e enviado (Mt.28- 19). Esta fórmula trinitariana testifica a submersão em comunhão espiritual da Trindade. Recebemos: A graça de Jesus, o Amor de Deus e a Comunhão com o Espírito Santo. (Bênção Apostólica - 2Co.13:13).

 APTOS AO BATISMO: Todos os que sinceramente se arrependem dos seus pecados e exercitam uma fé viva em Jesus, agindo em confissão de fé (At.8:37), Oração (At.22:16) e Voto de Consagração (1Pe.3:21). É importante o discipulado para que possam crescer na fé cristã, antes e depois do batismo.

EFICÁCIA DO BATISMO: O batismo nas águas não tem poder para salvar, pois se batizam os salvos que aceitaram a Jesus, mas é essencial para a integral obediência a Cristo. A eleição do Convertido se completa por sua pública admissão como membro da igreja de Cristo (Como o presidente eleito pelo povo e depois,toma posse do cargo ou como a noiva que casa e agora vai à lua-de-mel). E uma etapa progressiva como" namorar, e noivar, casar e ter filhos".

SIGNIFICADO DO BATISMO: Sugere Quatro Idéias: 1)SALVAÇÃO: A descida do convertido às águas retrata a morte de Jesus efetuada. A submersão do convertido fala da morte ratificada(sepultamento) e o levantamento do converso significa a conquista sobre a morte(ressurreição).

EXPERIÊNCIA: O fato de esses atos serem efetuados pelo convertido, demonstra sua identificação espiritual com Jesus Cristo morreu pelo pecado para morrermos para o pecado; Cristo ressuscitou dentre os mortos a fim de vivermos uma nova vida de justiça.

REGENERAÇÃO: A experiência do novo nascimento é descrita como "lavagem"ou "banho"renovador e restaurador(Tito 3:5) porque pelo meio dela, a lavagem, os pecados (contaminações da vida de outrora) foram lavados. Deus, em união com a morte de Cristo e pelo Espírito Santo, purifica a alma. O batismo nas águas significa esta purificação(At. 22:16).

TESTEMUNHO: Ser batizado é ser revestido de Cristo (61.3:7). Batismo nas águas significa que o convertido, pela fé,"vestiu-se" de Cristo (Seu caráter)de modo que as pessoas possam ver Cristo nele; é como "vestir o uniforme do Reino de Deus. como soldado alistado e_em treinamento para o combate contra o mal, o diabo e o pecado."

A CEIA DO SENHOR(COMUNHAO): deipnon deipnon:

Rito distintivo da adoração Cristã, instituída por Jesus na véspera de sua morte. Consiste na participação solene do pão e vinho, os quais sendo apresentados ao Pai, em memória do sacrifício único e eterno de Jesus, tornam-se um meio de graça pelo qual somos incentivados a uma fé mais viva e a uma fidelidade maior a Ele. Cerimônia que Cristo instituiu na noite em que foi traído, logo depois da refeição da PÁSCOA, para servir de lembrança da sua morte (1Co 11.23-34). Para os católicos e alguns evangélicos a ceia é um sacramento e um meio de graça (EUCARISTIA); para outros é um MEMORIAL Conforme (Jo.6:56)-Comer da minha carne - Sentir a mesma vontade(desejo) de ser revestido, transladado ao Celestial; superar o terreno. Beber do meu sangue-receber na alma o que serve para refrescar e nutrir, fortalecer para a vida eterna (sede da vida eterna); nutrir o mesmo sentimento pelo Pai, que há em Cristo.

PAO E VINHO (Vinho no sentido de"embriagar-se do Espírito de Jesus Cristo", esquecendo-se da vida passada-(Ef.5:18); (Pão como em Israel, bolo retangular ou arredondado, da grossura aproximada de um polegar, e do tamanho de um prato ou travessa. Por isso não era para ser cortado, mas quebrado; consagrados ao Senhor e usado nos ágapes ("festas de amor e de comunhão") e na Mesa do Senhor, simbolizando a conquista de Jesus na Cruz.

SIGNIFICADO DA CEIA: Alegrem-se todos no Espírito Santo (vinho) porque EU VENCI E A VITORIA E DE TODOS (Pão).Se não puderem aguentar beber vinho tendo o perigo de se embriagar na carne, é melhor usar suco de uva sem álcool, pois a embriaguez incitada é a do Espírito Santo e não a da carne.

CARACTERÍSTICAS DA CEIA:

a) COMEMORAÇÃO: "Em memória de Jesus". Comemorando de um modo especial a morte expiatória de Jesus que os libertou dos pecados. Comemorar a morte porque foi o evento culminante do seu ministério que nos salvou.

b) INSTRUÇÃO: A Ceia nos dá uma lição objetiva sobre dois fundamentos do Evangelho: A Encarnação- O verbo se fez carne e habitou entre nós (Jo.1:14). O Pão de Deus é aquele que desceu dos céus e dá vida ao mundo (Jo.6:33) e a Expiação: As bênçãos decorrentes da encarnação nos são dadas mediante a morte de Cristo. O pão e o vinho simbolizam os dois resultados na morte: a separação do corpo e da vida; a separação da carne e do sangue. O pão partido simboliza que o pão deve ser quebrantado na morte (Calvário) a fim de ser distribuído entre os espiritualmente famintos. O vinho derramado nos diz que o sangue de Cristo, o qual é sua vida, deve ser derramado na morte a fim de que seu poder purificador e vivificante possa ser outorgado às almas necessitadas.

c) INSPIRAÇÃO: As várias uvas espremidas formam o vinho; somos participantes da mesma natureza de Cristo pela comunhão com Ele; o ato da ceia nos recorda e assegura que, pela fé, podemos receber o Espírito Santo e sermos o reflexo de seu caráter.

d) SEGURANÇA: O cálice do sangue (Novo Testamento:1 Co.11:25)é um ato solene como o pacto de sangue da aliança, onde Deus aceitou o sangue de Jesus (Hb.9:14-29). O sangue de Jesus é a garantia e devemos crer e testificar desta aliança (Rm.3:25,26) e (1Pe.1:2).

RESPONSABILIDADE: Os indignos (quanto às ações pecadoras) não podem ser admitidos na Ceia do Senhor, praticando algo que impeça de apreciar o significado dos elementos da Santa Ceia, ceando sem atitude solene, meditativa e reverente. Os sinceros se sentem indignos e assim, são dignos pelo reconhecimento, mas os indignos nem ao menos refletem, se exaltando e pecando.

AS PALAVRAS E AÇÕES DE JESUS NA CEIA DO SENHOR

Para entender o significado completo da Ceia do Senhor, temos que examinar cuidadosamente o que Jesus falou e fez na ceia última ceia com seus discípulos.

"ESTE É O MEU CORPO"

Todas as fontes bíblicas dizem a mesma coisa sobre o que Jesus fez quando ele começou a ceia (veja Mateus 26:26; Marcos 14:22; Lucas 22:19; 1 Coríntios 11:23-24).

Ele fez três coisas:

1. Ele pegou o pão

2. Ele agradeceu a Deus

3. Ele partiu o pão

Curiosamente, como vemos em Marcos 6;41 e Marcos 8:6, ele fez as mesmas três coisas quando ele alimentou os cinco mil e os outros quatro mil. De acordo com os quatro relatos da última ceia, o que ele disse quando pegou o pão foi "este é o meu corpo". Há diferentes opiniões sobre o significado preciso dessas palavras. Mas, o que é certo é que Jesus estava indicando que ele daria o seu corpo em sacrifício para que nós tivéssemos vida. Isso se encontra mais claro em 1 Coríntios 11:24, aonde esta escrito "Esse é o meu corpo que entregue por vós" (ou em alguns manuscritos mais antigos "Esse é o meu corpo que é partido por vós")

"FAZEI ISSO EM MEMÓRIA DE MIM"

De cara, essa instrução pareceria o jeito que Jesus encontrou de dizer aos seus seguidores que repetissem essa ação como um sacramento, ou uma cerimônia religiosa, através dos tempos. Mas, como essa ordem só é encontrada em Lucas 22:19 e 1 Coríntios 11:24, algumas pessoas argumentam que o Senhor não tinha a intenção que aquela atitude fosse repetida. Será que este argumento está correto? Provavelmente não. Nós temos que lembrar que todos os evangelhos foram escritos quando o partir do pão já era uma prática comum na vida da igreja. Mateus e Marcos, no entanto, podem ter achado desnecessário expressar a intenção de Jesus com essas palavras. A comunhão não é para repetir o sacrifício de Cristo, mas para relembrar com gratidão que Cristo nos amou a ponto de morrer por nós. (Hb.10:10).

"ESTE É O CÁLICE DA NOVA ALIANÇA"

Jesus pegou uma taça de vinho, deu graças e deu a seus discípulos para que todos eles bebessem. Esse foi o mesmo jeito que ele fez quando distribuiu o pão. Mas nas palavras Jesus falou do vinho, ele introduziu um novo conceito na discussão sobre a aliança. Mateus e Marcos recordam as palavras de Jesus como "isto é o meu sangue, o sangue da nova aliança" (Mateus 26:28; Marcos 14:24). Lucas 22:20 fala "Este é o cálice da Nova Aliança no meu sangue derramado por vós" e 1 Corínthios 11:25 é semelhante a isso. Todas essas referências à aliança nos levam de volta ao ritual do Velho Testamento de fazer uma aliança (um acordo ou tratado) com sacrifício, como na aliança entre Deus e Israel depois do Êxodo (Êxodo 24:1-8). Eles também sugerem que a esperança de uma nova aliança, descrita em Jeremias 31:31-34, foi realizada em Cristo.

"É DERRAMADO PARA PERDOAR OS PECADOS DE MUITOS"

O significado da morte de Cristo como um sacrifício está ligado com um entendimento da páscoa e da aliança. No entanto, é importante que nós reconheçamos que a ceia do Senhor também está ligada com o que Isaías 53 diz sobre o Servo sofrido do Senhor se colocou "por expiação do pecado" (Isaías 53:10). Lucas 22:37 inclui entre as palavras de Jesus: "Porquanto vos digo que importa que se cumpra em mim isto que está escrito: E com os malfeitores foi contado. Pois o que me diz respeito tem seu cumprimento." O verso que Jesus cita - Isaías 53:12 - também diz que "derramou a sua alma até a morte," e que ele ; "levou sobre si o pecado de muitos". Mateus 26:28 diz que o sangue de Jesus foi "derramado por muitos para remissão dos pecados". A taça da comunhão, então, deve nos lembrar do sangue de Jesus derramado como uma oferta para cuidar de nossos pecados.

ORGANIZAÇAO DA IGREJA PRIMITIVA: Após o Pentecostes, os cultos eram nas casas e no Templo (At.2:46). Não havia organização e o ensino era dado pelos apóstolos(At.2:46). Quando a Igreja cresceu numericamente, houve a necessidade de organização para separar pessoas para o Ministério e para resolver problemas internos. Apóstolos e anciãos presidiam as reuniões democráticas e as igrejas não eram unificadas em Ministérios denominacionais. Não havia governo centralizado e cada igreja era autônoma e "livre" (mantinharn relações cooperativas umas com as outras-(Rm.15:26; 2Co.8:9; Gl.2:10; Rm.15:1; 3Jo.8). Os 12 apóstolos eram respeitados e exerciam autoridade, como Paulo que não tinha nada "oficial", mas puramente espiritual. Nos séculos primitivos as igrejas locais, embora nunca lhes faltasse o sentimento de pertencerem a um só corpo, eram comunidades independentes e com governo próprio, se relacionando com comunhão fraternal por visitas de "delegados", cartas, assistência e consagração de pastores. Hoje, o mundo é diferente e a igreja precisa se organizar conforme as leis do país, mas precisa voltar à prática e ao sentimento cristão primitivo de ser corpo de Jesus Cristo.

SAIBAMOS QUE SOMOS MEMBROS DO CORPO ESPIRITUAL DE CRISTO, DONO DE SUA IGREJA.

MINISTÉRIOS DA IGREJA:

1) Desempenho de um serviço (At 7.53).

2) Exercício de um serviço religioso especial, como o dos levitas, sacerdotes, profetas e apóstolos (1Cr 6.32; 24.3; Zc 7.7; At 1.25).

3) Atividade desenvolvida por Jesus até a sua ascensão (Lc 3.23).

4) Cargo ou ofício de MINISTRO, conforme (2Co 6.3; 2Tm 4.5).

A) Ministério Geral e Profético:

a) Apóstolos: Cada um dos 12 homens que Jesus escolheu para serem seus seguidores e para lançarem as bases da Igreja (Mt 10.2-4; Ef 2.20).

Apóstolo quer dizer "mensageiro", isto é, aquele que é enviado para anunciar a mensagem de Deus. Por anunciarem o evangelho, Paulo e alguns outros também foram chamados de apóstolos (1Co 15.9; At 14.14). Receberam a comissão de Jesus (Mt.5:10;GI.1:1); viram Cristo após a ressurreição (At.1:22; 1Co.9:1);gozavam de inspiração especial (GI.1:11; 1Ts.2:13); exerciam administração na igreja (1 Co.5:3-6;2Co.10:8; Jo.20:22); levavam credenciais sobrenaturais (2 Co.12:12), cujo trabalho principal era estabelecer igrejas em campos novos (2 Co.10:16).

APOSTOLO = MISSIONÁRIO (At.14:14; Rm.16:7).

b) Profetas e Profetizas: Profeta ou profetisa era um homem ou mulher escolhido por Deus para falar por Ele e relatar fatos no plano divino. Quando Jesus ressuscitou o filho da viúva, os circunstantes responderam dizendo, "Grande profeta se levantou entre nós!" (Lucas 7:16; comparar com Marcos 6:15; 8:28). No pensamento judeu, os acontecimentos religiosos mais claros encontram seu foco na chamada e ministério de um profeta. Essa era a forma como Deus se comunicava com seu povo. Quando responderam a Jesus, as pessoas estavam de fato mais certas do que imaginavam. Deus os visitara através dele. Embora Jesus tenha sido mais do que um profeta, foi na verdade o clímax da ordem profética predita por Moisés (Deuteronômio 18:15-19). Tinham o dom da expressão inspirada. Enquanto o apóstolo e o Evangelista levava a sua mensagem aos incrédulos (Gl.2:7,8), o ministério do profeta era particular aos cristãos. Pessoa que profetiza, isto é, que anuncia a mensagem de Deus. No AT, os profetas não eram intérpretes, mas sim porta-vozes da mensagem divina (Jr 27.4). No NT, o profeta falava baseado na revelação do AT e no testemunho dos apóstolos, edificando e fortalecendo assim a comunidade cristã (At 13.1; 1Co 12.28-29; 14.3; Ef 4.11). A mensagem anunciada pelo profeta hoje deve estar sempre de acordo com a revelação contida na Bíblia. João Batista (Mt 14.5; Lc 1.76) e Jesus (Mt 21.11,46; Lc 7.16; 24.19; Jo 9.17) também foram chamados de profetas. Havia falsos profetas que mentiam, afirmando que as mensagens deles vinham de Deus (Dt 18.20; At 13.6-12; 1Jo 4.1).

c) Mestres:

Dotados de dons para exposição da Palavra.

1) Professor; instrutor (Sl 119.99; Mt 10.24).

2) Título de Jesus, que tinha autoridade ao ensinar (Mc 12.14).

3) Pessoa perita em alguma ciência ou arte (Êx 35.35).

4) Pessoa que se destaca em qualquer coisa (Pv 24.8; Ez 21.31).

5) Capitão (Jn 1.6).

B) Ministério Local e Prático: Toda organização tem pelo menos uma pessoa que trabalha nos bastidores. Esta é a função do diácono ou presbítero na igreja. Eles trabalham nos bastidores servindo e ministrando às necessidades das pessoas. Algumas igrejas indicam "presbíteros", termo que descreve aqueles que exercem um papel de liderança similar dentro da igreja. Diáconos e presbíteros podem estar ou não na liderança durante um culto dominical típico como um pastor ou ministro de adoração. Entretanto, seu trabalho de bastidores, conduzindo os negócios da igreja e o trabalho de Cristo, é primordial.

a) Presbíteros ou Anciãos: presbuterov presbuteros - Lider da igreja. Os presbíteros se dedicavam à direção das igrejas, ao ensino da doutrina cristã e à pregação do evangelho. A palavra grega presbyteros quer dizer " ANCIÃO ", mas era usada para os líderes cristãos sem referência à sua idade. Nos tempos do NT os presbíteros também eram chamados de BISPOS (At 20.17,28; 1Tm 3.1-7; Tt 1.5-9).nomeado pela Igreja, com certas características (1Tm.3): (Bispos)- supervisores ou superintendentes sobre a igreja local, especialmente em relação ao cuidado pastoral e à disciplina - 1 Timóteo 3:2-7 e Tito 1:6-9 listam as qualidades que uma pessoa tinha que ter para se tornar um bispo, um oficial dentro da igreja. A palavra grega que nos deu o título "bispo" e a palavra "episcopal", é frequentemente traduzida, nas bíblias modernas, como "ancião", "capataz", "pastor" ou "guardião". Jesus é chamado de "Pastor e Bispo das vossas almas" (1 Pedro 2:25). Um bispo, obviamente, tinha uma posição de autoridade, mas as tarefas de um bispo não são definidas com clareza no Novo Testamento. Um de seus trabalhos era combater a heresia (Tito 1:9) e ensinar e explicar as Escrituras (1 Timóteo 3:2). Há também alguma evidência de que eles ajudavam a cuidar dos pobres, além de supervisionar a congregação. As cartas de Paulo a Timóteo e a Tito indicam que um bispo era considerado um líder na congregação e uma pessoa que representava a igreja cristã a um mundo não cristão. Dirigente da igreja cristã - Os bispos se dedicavam ao ensino da doutrina e à pregação do evangelho. A palavra grega epíscopos, que é traduzida por "bispo", quer dizer supervisor ou superintendente. Nos tempos apostólicos, o bispo cuidava de uma igreja local e era também chamado de PRESBÍTERO (At 20.17-28; 1Tm 3.1-7; Tt 1.5-9; v. ANCIÃO). Só mais tarde os bispos se tornaram responsáveis por um grupo de igrejas de determinada região. O serviço do diácono diferia do serviço do presbítero. Enquanto diáconos e diaconisas eram escolhidos por suas fortes características pessoais, os presbíteros obtinham sua posição por laços de família ou indicação. Seguindo um padrão definido relacionado ao sistema tribal (Números 11: 16-17; Deuteronômio 29:10), o presbítero exercia funções de liderança e jurídica em razão de sua posição na família, clã ou tribo; ou em razão de sua personalidade, destreza, status ou influência; ou ainda por um processo de indicação e ordenação.

Os presbíteros tinham várias funções. Por exemplo: I Timóteo 5:17 fala de presbíteros que pregavam e ensinavam; Tiago 5:14 os mostra envolvidos num ministério de cura; I Pedro os exorta a apascentar o rebanho. Assim, os profetas e mestres que dirigiam a igreja de Antioquia (Atos 13:1-3) podem ter sido os presbíteros daquela comunidade.

O PRESBITERO NA COMUNIDADE CRISTÃ

Segundo o relato de Lucas sobre a origem e expansão do Cristianismo, os presbíteros já estavam presentes na igreja de Jerusalém. Em Atos, vemos os cristãos de Antioquia enviando mantimentos "aos presbíteros (das igrejas da Judéia) por intermédio de Barnabé e Saulo (11:30). Em sua primeira viagem missionária, Paulo e Barnabé "promoveram os discípulos em cada igreja" (Atos 14;23). Mais tarde, foram enviados de Antioquia para Jerusalém "para os apóstolos e presbíteros" a fim de esclarecê-los sobre o assunto da circuncisão dos gentios cristãos (Atos 15:2) e "foram bem recebidos pela igreja, pelos apóstolos e pelos presbíteros" (Atos 15:4), que se reuniram para ouvir sobre o caso e resolver a questão (Atos 15:6-23). Não se sabe quem eram e como foram escolhidos esses presbíteros. Mas certamente foram consideradas sua idade e proeminência lhes conferiu o privilégio de prestar serviço especial dentro de suas comunidades. Parece que atuavam de maneira semelhante aos anciãos das comunidades judaicas e do Sinédrio (Atos 11:30; 15:2-6.22-23; 16:4; 21:18).

b) Pastores: As vezes, os presbíteros se chamavam pastores poimhn poimen – como guardador de gado (Gn 13.7). Governante (Jr 3.15). Deus (Sl 23.1) e Jesus (Jo 10.11). Ministro da igreja (Hb 13.17, 1Pe 5.2).dom de cuidar do rebanho (Ef.4:11; At.20:28); Evangelistas – Pastores-evangelistas - Pregador que vai de lugar em lugar anunciando a boa-nova de Jesus Cristo (At 21.8). Deviam cuidar ou supervisionar (1Tm.3:1);presidir (1Tm.5:17); defender a sã doutrina (Tt.1:9); Qualificações (1Tm.3:8-10;12-13); Ordenação (1Tm.4:4; Tt.1:5). Durante o primeiro século, cada comunidade cristã era governada por um grupo de anciãos ou bispos, diferente de hoje. Mas, no início do terceiro século, homens foram colocados à frente. Diáconos e Diaconisas-"Servos ou ajudantes"- diakonov diakonos - (At.6:1-4; Fil.1:1) e (Rm.16:1; Fil.4:3)- Qualificações(1Tm.3:8-13)-Auxiliares dos presbíteros (At.6:1-6)- Oficialmente reconhecidos na igreja (Fil.1:1), cujo trabalho era visitar de casas e exercer ministério prático entre os pobres e necessitados (1Tm.5:8-11) e ajudando os anciãos na Ceia do Senhor. Pessoa que ajudava nos trabalhos de administração da igreja e cuidava dos pobres, das viúvas e dos necessitados em geral. O diácono também pregava o evangelho e ensinava a doutrina cristã (At 6.1-8; 1Tm 3.8- 13).

OS DIÁCONOS NA IGREJA PRIMITIVA

O termo diácono vem do grego e significa servo ou ministro.

A palavra "diaconato" descreve o serviço do grupo de diáconos e diaconisas dentro de uma igreja.

VISÃO DO NOVO TESTAMENTO

Várias referências seculares dão a diácono o sentido de garçon, servo, administrador ou mensageiro. Escritores bíblicos usam esta palavra para descrever vários ministérios e serviços. Só bem mais tarde na igreja primitiva foi usado para indicar um grupo distinto de oficiais da igreja. Entre seus usos comuns, diácono se refere a quem serve a refeição

(João 2:5,9), servos do rei (Mateus 22:13), ministro de Satanás (II Coríntios 11:15), ministro de Deus (II Coríntios 6:4), ministro de Cristo (II Coríntios 11:23), ministro de Deus (Colossenses 1:24-25) e autoridade (Romanos 13:4). O Novo Testamento apresenta o ministério do serviço como uma marca de toda a igreja, isto é, como uma conduta normal para todos os discípulos (Mateus 20: 26-28; Lucas 22: 26-27). Os ensinamentos de Jesus no julgamento final equiparam esse ministério com: alimentar os famintos, acolher o próximo, vestir os que estão despidos, visitar os enfermos e encarcerados (Mateus 25: 31-46). Todo o Novo Testamento enfatiza a compaixão pelas necessidades físicas e espirituais dos indivíduos bem como quanto nos devemos doar para satisfazer essas necessidades. Deus nos capacita para o serviço com vários dons espirituais. Quando realizamos esse serviço, em última análise, ministramos ao próprio Cristo (Mateus 25:45).

ORIGEM

Alguns estudiosos da Bíblia estabelecem uma relação entre o "hazzan" da sinagoga

judaica e o serviço cristão do diácono. O "hazzan" abria e fechava as portas da sinagoga, mantinha-a limpa e distribuía os livros para leitura. Jesus provavelmente passou o rolo do livro de Isaías para um diácono depois que acabou de lê-lo (Lucas 4:20). Outros estudiosos do Novo Testamento dão atenção considerável à escolha dos sete (Atos 6:1-6); vêem aquele ato como um precursor histórico de uma estrutura mais desenvolvida (Filipenses 1:1; I Timóteo 3:8-13 - as duas referências específicas ao "ofício" de diácono). Cada apóstolo já estava sobrecarregado com várias responsabilidades. No entanto, os doze apóstolos propuseram uma divisão do trabalho para assegurar assistência às viúvas gregas na distribuição diária que a igreja fazia de alimento e donativos. Sete homens de boa reputação, cheios do Espírito de Deus e de sabedoria (Atos 6:3), se destacaram na congregação de Jerusalém, praticando caridade e atendendo necessidades físicas. Alguns lembram que o diaconato não devia ser relacionado somente a caridade, pois os diáconos eram pessoas de estatura espiritual.

Estêvão, por exemplo, "cheio de graça e poder, fazia prodígios e grandes sinais entre o povo" (Atos 6:8). Filipe, apontado como um dos sete, "os evangelizava a respeito do reino de Deus e do nome de Jesus Cristo" (Atos 8:12). Filipe também batizava (Atos 6:38) e é mencionado como um evangelista (Atos 21:8). Muitas igrejas provavelmente adotaram como modelo "os sete de Jerusalém" no seu quadro de diáconos. Em I Timóteo 3:8-13 são dadas instruções sobre as qualificações da função de diácono, a maioria delas se relacionando ao caráter e comportamento pessoais. Um diácono deveria falar a verdade, ser marido de uma só mulher, "não dado a muito vinho", e um pai responsável. Alguns diáconos: Timóteo (I Tessalonicenses 3:2; I Timóteo 4:6), Tíquico (Colossenses 4:7), Epafras (Colossenses 1:7), Paulo (I Coríntios 3:5) e o próprio Cristo (Romanos 15:8). A diaconia bíblica não se caracteriza por poder e proeminência, mas por serviço ao próximo, por cuidados pastorais.

DIACONISAS:

As mulheres também exerciam a função de diaconisas.

Em Timóteo 3:11, lemos que elas deveriam ser "respeitáveis, não maldizentes, mas temperantes e fiéis em tudo". Por causa do grande número de mulheres convertidas (Atos 5:14; 17:4), as mulheres atuavam na área de visitação, instruíam sobre discipulado e assistiam no batismo. Em Romanos 16:1-2, lemos que Paulo elogiou Febe por ser uma ajudadora no serviço da igreja de Cencréia. Em Romanos 12:8 e I Timóteo 3:4-5 encontramos outras qualidades desejadas no diácono.

d) Obreiro: Todo cristão que realiza a obra de Deus; Trabalhador; operário (1Cr 4.21; 2Tm 2.15). 2) Pessoa que pratica ou planeja (Sl 14.4).

FIGURAS DA IGREJA:

a) Pastor e ovelhas (Jo.10);

b)Videira e ramos (Jo.15);

c)Pedra Angular e as pedras do edifício (Ef.2:19-21);

d)Sumo-sacerdote e reino de sacerdotes(1 Pe 2);

e)Ultimo Adão e a nova Criação (Rm.5);

f)Cabeça e corpo (1Co.12;

g) Noivo e noiva; marido e esposa (Ef.5;Ap.19);

Fim de sua Época: Arrebatamento-(2 Ts.2; Ap.3:10-q1;1Ts.1:10).

ESCATOLOGIA – A DOUTRINA DAS ÚLTIMAS COISAS:

(BREVE COMENTÁRIO) - Relacionando a Igreja e nossa vida como cristãos e o futuro:

A Paurosia "segunda.vinda de Jesus" é citada 300 vezes no Novo Testamento.

1)Sua vinda será:

a) Pessoal (Jo.14:3 At.1:10; 1 Ts.4:16; Ap.1:7; 22:7);

b)Literal:(At.1:10; 1 Ts.4:16; Ap.1:7; Zc.14:4);

c)Visível (Hb.9:28;Fil.3:20; Zc.12:10);

d) Gloriosa(Mt.16:27; 25:31; 2 Ts.1:7-9; Cl.3:4);

2)O tempo exato está oculto (Mt.24:;36-42;Mc. 13:21,22);

3)Tempo de sua vinda:

a) Servos de Jesus levarão sua obra (Lc.19:11-27);

b) Evangelho pregado a todas as nações (Mt.24:14);

c) Muitos duvidarão do seu retorno (Lc.18:1-8);

d) Muitos serão negligentes (Mt.25:1-11);

e)Haverá ministros infiéis (Lc.12:45);

4)Propósitos de sua vinda:

a)Igreja encontra o Senhor e crentes serão galardoados;

b)Depois de sete anos, restaurará Israel;

c)As nações serão julgadas.

Capitulo 9

NOÇÕES DE DISCIPULADO E EVANGELISMO:

Um discípulo é alguém que segue uma outra pessoa ou um estilo de vida.

Um discípulo se submete a disciplina ou ensinamento do líder ou do estilo.

Na bíblia, o termo discípulo é quase sempre encontrado nos evangelhos e no livro de Atos. No Velho Testamento as vezes a palavra é traduzida como "aprendeu" e "ensinou". Onde quer que tenha um professor e pessoas sendo ensinadas, há a idéia de discipulado está presente. Nos evangelho, os seguidores mais íntimos de Cristo são chamados de discípulos. Os doze foram chamados pela autoridade de Jesus em circunstâncias variadas. No entanto, todos aqueles que aprovavam os seus ensinamentos e estavam engajados a ele eram são chamados de discípulos. O chamado desses discípulos aconteceu numa época em que outros professores tinham os seus discípulos.

Os mais notáveis eram os fariseus (Marcos 2:18; Lucas 5:33) e João Batista (Mateus 9:14). Discípulos são almas salvas regeneradas, transformadas pelo Espírito Santo, produtivos na Obra de Deus. Pessoa que segue os ensinamentos de um mestre. No NT se refere tanto aos APÓSTOLOS (Mt 10.1) como aos cristãos em geral (At 6.1).

NO ANTIGO TESTAMENTO:

* Nb bem - como filhos;

* dwml limmuwd / dml limmud - ensinado, instruído, acostumado. (Is.8:16).

NO NOVO TESTAMENTO:

* mayhthv mathetes - aprendiz, pupilo, aluno, discípulo.

1) VOCÊ PRECISA SABER:

Amados irmãos e irmãs em Jesus Cnsto!

Parabéns pelo seu término de Curso e Início da Caminhada Cristã. Ministramos a vocês 14 aulas sobre os rudimentos bíblicos. Verdades imprescindíveis para os que desejam fazer a vontade do Senhor Jesus de forma honesta e piedosa. Esse curso é pré-requisito para o Evangelismo responsável e para participar do Batismo nas águas. Os novos convertidos precisam ter uma idéia clara da Bíblia para voluntariamente se firmarem no Evangelho.

Não "ACEITEI A JESUS, ESTOU CONVERTIDO E SALVO", que dá ideia de perfeccionismo; o correto é CONFESSEI A JESUS, CRI NO CORAÇÃO, ESTOU ME CONVERTENDO E GUARDANDO A SALVAÇÃO QUE RECEBI PELA GRAÇA E ISSO, TODOS OS DIAS.

Deus tem um plano maravilhoso para nossas vidas, mas o pecado atrapalha. Somente Jesus Cristo pelo Espírito Santo, através da Palavra nos capacita para o serviço de ministração divino e nos dá um novo nascimento que é uma mudança pessoal plena envolvendo a nova realidade espiritual que em nós processa.

QUERER É SER DISCÍPULO DE CRISTO:

Não basta apenas se converter a Cristo, mas amadurecer no Evangelho através de uma nutrição espiritual fortificando as almas. Um discípulo (seguidor) maduro tem de ensinar a outros crentes como viver uma vida que agrade a Deus, equipando-os a treinar outros para que ensinem a outros, afinal, ninguém é um fim em si mesmo. Deus escolhe um método sólido e eficaz para edificar o seu Reino. A sua Igreja é um movimento dinâmico, em que o discipulado é o único meio de se produzir tanto a qualidade como a quantidade de crentes que Deus deseja. Discípulo é aquele que tem um caráter semelhante ao de Cristo em evidência que morreu para si mesmo, fato mais importante que nossas capacidades e habilidades.

COMO SER DISCIPULO DE CRISTO:

Precisamos conhecer a Palavra de Deus, no compromisso de querer obedecer, estudando fielmente e procurando exercer a nossa vontade na obediência à Palavra de Deus. Cristo Reina hoje, através de autoridades delegadas da Igreja que precisam ser obedecidas em submissão, porque usam sua autoridade para nos servir. Nossa atitude deve ser confiar em Deus, perdoando e aceitando o perdão de Jesus, vivendo em comunidade, afinal, Deus usa pessoas de espírito quebrantado, com corações humildes, desinteressados em promoções pessoais, gloriando-se somente na cruz de Cristo. Esse caráter é formado pela comunicação com Deus, não em superficialidade, mas em intimidade, para tanto, precisamos estar dispostos a ouvir atentamente, com coerência e honestidade, afinal, isso é essencial para o Cristão.

REQUISITOS PARA SER DISCIPULO DE CRISTO:

Se você é sincero na multiplicação espiritual de sua igreja, querendo assumir um compromisso na morte de seu "eu", comprometido a conduzir novos crentes à maturidade. Deus se responsabilizará pelos novos crentes sobre os quais Ele nos colocará como supervisores. Tenha um alto padrão espiritual desejando conhecer intimamente a Deus; procure ser uma pessoa disponível a ajudar os outros; seja submisso às autoridades, fiel a Deus, à Doutrina e às finanças da lgreja procure fazer discípulos, sem receio de orientar os outros pelo que você já sabe; ore diligentemente a Deus que lhe mostrará o que fazer. Pelo Espírito Santo, procure selecionar com cuidado as pessoas que você vai ajudar espiritualmente, mas não se esqueça de antes, treinar esta pessoa na Palavra de Deus, orientando de perto, tomando a iniciativa de fazer o convite ao Estudo, explicando o relacionamento espiritual que deseja realizar. Comunique a visão do projeto, que é o ensino da Palavra em grupos ou individual, se for o caso, mas deixe a pessoa decidir se quer ser ensinada, sem força ou coação; deixe-a vontade.

5) COMO O DISCIPULO DEVE SER RELACIONAR:

Seja amoroso, com calor humano, com lealdade a Deus e à pessoa para não fofocar ou espalhar segredos, agindo com maturidade, sem deixar de dar exortações, conselhos quando necessário, afinal, o amigo verdadeiro corrige o errado. Tenha disponibilidade, paciência para lidar com os problemas dos outros, sendo honesto no aconselhamento e sempre motivando a pessoa a prosseguir na jornada da fé. Nesse relacionamento, o propósito principal é a adoração a Deus em atitude de respeito, temor e amor. Procure memorizar a escritura, meditando em seus versículos, ensinando a pessoa a pensar sobre o que você já sabe, mas sem orgulho ou exaltação pessoal. O processo de tomada de atitudes envolve alternativas viáveis de resolução, aplicação de versículos específicos ao caso, implicações de atos tomados e conselhos de líderes mais experientes. Devemos corrigir nossas fraquezas, orando juntos, estudando a Bíblia e aplicando de forma prática. Convêm salientar que sempre é melhor orientar uma pessoa do mesmo sexo, evitando uma brecha para o infortúnio ou queda, afinal, a carne é fraca e Jesus nos manda fugir do que pode ser motivo de queda. "Somos responsáveis pelos que nós cativamos", assim dizia Exúpery de "o Pequeno Príncipe". Que a nossa Palavra seja acompanhada de atos verdadeiros e autênticos, numa conduta de amor e de fé e pureza no modelo do Mestre. Não sejamos presunçosos de querer saber tudo, mas devemos ser claros e inspirarmos confiança, mas sempre despertando a responsabilidade pessoal de cada cristão para com a Obra de Deus.

6) COMO O DISCÍPULO DEVE AGIR NA EVANGELIZAÇÃO:

a) Quando visitar pessoas, evite fazer muitas perguntas pessoais ou agredir o motivo da fé da pessoa, mesmo estando errado; lembre-se de que você também desconhecia o Evangelho; não penses que sabes tudo; sem o Espírito Santo, nada acontece.

b) Dê seu testemunho com convicção da Palavra, com verdadeiro interesse na pessoa, não falando de reunião, mas de Jesus Cisto. Se possível, ore antes, jejue e peça os dons da sabedoria, discernimento, ciência e da Ministração da Palavra.

c) Se for o caso, dê apenas o endereço da Igreja e não o seu endereço pessoal e sempre procure falar com a pessoa em conjunto com um outro irmão ou irmã da Equipe de Evangelismo.

d) Que cada pessoa visite alguém do seu mesmo sexo, aconselhando com cuidado, prudência e equilíbrio para não ser fanático ou legalista; evite usar novos convertidos que não tenham conhecimentos bíblicos para não serem confundidos.

e) Esteja atento aos perigos do lugar não sendo insistente para a pessoa "aceitar a Jesus na marra", pois isso não é tudo; é apenas o começo, pois não adianta forçar alguém a dizer sim para satisfazer o ego de quem evangeliza e esquecer a alma depois.

f) Procure usar linguagem clara, sem palavrões, gírias ou apelidos; seja seguro, não fazendo promessas, sempre atualizando o Evangelho com o dia-a-dia da realidade da pessoa visitada.

g) Seja paciente com auto-controle, estando fisicamente e espiritualmente saudável, com humor estável, submisso aos horários, controlando a língua para falar para edificação e não acusação às igrejas ou a terceiros.

h) Seja flexível com o temperamento das pessoas pois existem (mecanismos de defesa para reagir a conversas não desejadas).

* Negação (inconscientemente se nega para proteger-se do sofrimento);

* Transferência (inconscientemente transfere seu problema ou insatisfação para o cônjuge, filhos, etc...);

* Projeção (fazer uma falsa realidade mental contra quem não se aceita);

* Racionalização (Tentativa de arranjar explicação justificativa para males feitos);

* Repressão (Procurar considerar algo desagradável como nunca ocorrido);

* "Conversão": Diferente da Cristã, transforma insatisfação em sintoma ou queixa de doença, após frustração ou ansiedade.

i) Tenha boa aparência pessoal e não use roupas indecentes ou sensuais para não despertar o olhar cobiçoso do ouvinte; se notar que o olhar dele ou dela te causa inquietação carnal encerre a conversa, afinal, setas malignas estão te atingindo por alguma brecha na tua espiritualidade.

j) Respeite as opiniões e os direitos dos outros, ouvindo com empatia, mas evitando entrar na intimidade da pessoa, tendo amor e sabendo ouvir.

k) Procure anotar nome, endereço, telefone, marcação de fatura visita a pedido do visitado, acontecimentos e dê ao líder do setor do Evangelismo e/ou pastor de sua igreja.

l) Nunca se exponha, falando de sua intimidade, pois não conhece a pessoa que está ouvindo sua conversa.

m) Quando for aconselhar, saiba que as áreas que mais afetam as vidas são:

a)vida pessoal (Lc.9:23);

b)futuro(Mt.6:31-34);

c)dinheiro(Cl.3:1);

d)Casamento(1Co.7:3,4);

e)Filhos(Sl.127:3).

f) Quando for lidar com pessoas em crise, observe:

a)Ansiedade: Estabeleça cumprir rações, abordando sentimento de culpa, traumas de infância ou fracasso de algum ideal, procurando remover causas referentes ao 1° dia de trabalho, viagem ou nova realidade social como casamento. (Mt.6:25-34;Sl.37:5;Pv.24:10; Rm.14:23; Ef.6:10; 1Pe.5:7);

b) Baixa Estima-referente ao nosso retrato mental da alma; fale de sua importância para Deus e a morte de Jesus pela vida (Pv. 23:7; Gn. 1:26,27; Rm.8:16);

c) Depressão-prisão da mente em frustração, sentimento de perda ou traição pessoal. Fale firmemente da Palavra de Deus, enfrentando os pensamentos contrários, resistindo em nome de Jesus, exortando a pessoa a não se isolar, a cuidar-se, a definir objetivos úteis sociais e a orara Deus (Hb.11:1;Sl.37:5;Tg.4:7; Fp.4:8; 1Co.3:16; 1Ts.5:17);

d) Culpa-Envolve problemas psicológicos e íntimos de remorso ou auto-condenação; Cuidado no uso do Eu e Tu, pois a pessoa pode se sentir ofendida ou com complexo de inferioridade e partir para agressão. Ouça-a com amor de Deus, procurando promover seu alto sentimento em Deus, fale especificamente sobre seu problema, sem radicalismos ou preconceitos, na Palavra de Deus. Utilize um pouco do que aprendeu de psicologia, aplicando a Palavra com humildade, não colocando em Deus somente a resposta de tudo, pois Deus faz o que não podemos fazer. Seja amável, compreensivo, sincero, pedindo sabedoria ao Espírito Santo, testemunhando de si com mansidão e temor.

7) LEMBRETES AOS PROFESSORES/MINISTRADORES DO CURSO DE DISCIPULADO CRISTÃO:

Nunca pense que sabe tudo a respeito do Evangelho; Frequente e convide pessoas à Escola Dominical de sua Igreja;

Nunca seja exclusivista de dizer que somente sua igreja é a certa; seja humilde e não provocativo;

Nunca espere bons resultados no início de sua caminhada; dê de graça como recebestes de graça.

AO ENSINAR A PALAVRA DE DEUS NUMA SALA DE AULA: (MÁXIMO 1H 30min.)

a) Ore antes e Incite perguntas;

b) Transforme a vontade do aluno em conversar em instrumento de aprendizagem pela exposição do tema à turma;

c) Seja assíduo e pontual;

d) Estruture sua aula antes de ministra-la;

e) Seja interessado para com o aluno;

f) Seja calmo e sereno;

g) Tenha bom humor mas seja moderado;

h) Fale de modo a ser entendido pelo aluno;

i) Tenha auto-estima com autoridade;

j) Aceite as diferenças pessoais;

k) Seja um ótimo ouvinte, remindo o tempo;

l) Se coloque no lugar do aluno;

m) Compreenda as idéias dos outros; m)deixe os alunos falarem o que pensam;

n) Seja rápido, mas não apressado;

o) Conclua a aula de maneira amistosa, sem dúvidas;

p) Cobre colaboração de todos, sem ensaiar demais o improviso;

q) Nunca se compare com outros professores;

r) Cumpra suas promessas;

s) Cuidado com os gestos e palavras;

t) Seja bem-apresentado;

u) Seja humilde;

v) Mantenha-se atualizado;

x) Explique o projeto a eles;

z) Somente dê apostila específica na aula: evite dar logo todo o material: se deres, eles perdem interesse e curiosidade.

8) NOÇÕES SOBRE ÉTICA CRISTÃ:

O comportamento cristão deve ser um referencial para a sociedade.

No mundo, os valores morais divinos serão gravados na mente das pessoas pela Palavra de Deus, pois o pecado e os vícios fazem os homens terem condutas impróprias e errôneas. A ética Cristã se fundamenta nos ensinos de Cristo (2 Co.5:15;Ef.2:10; Ec.12:13).

A REFLEXÃO DE NOSSOS ATOS NOS APRIMORA E DESENVOLVE!

a) Aspecto que nos valoriza: Nosso exemplo pessoal:

Atitudes falam mais que muitas palavras.

Quando nosso comportamento não condiz com o que falamos, perdemos a credibilidade e nosso testemunho se torna infiel. Quando a nossa vida é exposta ao público, os rastros de nossas ações terão número cada vez maior de seguidores que simplesmente copiarão o nosso modelo pela força do exemplo.

b) Quanto aos mandamentos (Decágono): Os dez mandamentos não foram abolidos com a chegada do Evangelho. Os princípios espirituais e morais da lei integram às leis do Reino de Jesus, expostas no Sermão do Monte. Os antigos cumpriam os mandamentos e estatutos em Israel de modo formal e frio. Jesus deu aos mandamentos um sentimento muito mais elevado, aprofundado e ampliando o seu entendimento, tornando-os instrumento de justiça, bondade e amor de Deus (Mt.5:17-21). Lembremos que Jesus veio cumprir toda a Lei e não a abolir.

c) Guerras-(Ex.15:3; Nm.31:3) Atividade normal nos tempos do AT (2Sm 11.1). Os inimigos dos israelitas eram considerados inimigos de Deus (1Sm 30.26). Deus era representado como guerreiro, combatendo em favor de Israel (Êx 15.3; Sl 24.8; Is 42.13) ou usando a guerra para castigar Israel (Is 5.26-30; Jr 5.15-17) e outras nações (Is 13; Jr 46.1-10). Mas Isaías também profetizou uma era de paz (Is 2.1-5; 65.16-25). Nos tempos apostólicos, quando os romanos dominavam Israel, a linguagem da guerra só aparece em METÁFORAS (Ef 6.11-17) e para descrever a batalha do fim dos tempos (Ap 20.7-10). O cristão tem dupla cidadania; terrena e celestial, devendo cumprir seus deveres para com o Estado. Estamos na dispensação da graça e o cristianismo é pacífico, mas temos um compromisso com as leis do governo onde vivemos. (Rm.13:1-7; 1Tm.2:2; Tt.3:1; e 1Pe2:13- 14). Além disso, temos o direito de nos defendermos porque isso é justo diante de Deus. Se as leis forem injustas, prevalece a Palavra de Deus, acima da Constituição (Dt.17:18-20 e At.4:19-20). Se o cristão é militar, deve militar contra o narcotráfico, crime organizado, potência agressora, injustiças. Não se trata de fazer guerras particulares, mas ir contra o que pode atacar e querer destruir a igreja e a família. Somente a morte não pretendida poderia ser expiada no Antigo Testamento e no Novo não traria culpa ao agressor. A lei da semeadura é real.

d) Aborto: A vida no útero materno (Jeremias 1:1-5): Antes que eu te formasse no ventre materno, eu te conheci, e antes que saísses da madre, te consagrei e te constitui profeta às nações.

AS PESSOAS TÊM VALOR MESMO ANTES DE NASCEREM.

Deus lhe conheceu, como conheceu a Jeremias, muito antes de você nascer ou ser concebido. Ele lhe conheceu, pensou a seu respeito, fez planos para você. Quando você se sentir desencorajado ou inadequado, lembre-se que Deus sempre o considerou valioso e sempre teve um propósito para você. (Sl.139:1-24 - Pois tu formaste o meu interior, tu me teceste no seio de minha mãe. Graças te dou, visto que por modo assombrosamente maravilhoso me formaste.

DEUS OBRA NA VIDA DAS PESSOAS AINDA DENTRO DO ÚTERO.

O caráter de Deus participa na criação de cada pessoa. Quando você se sente sem valor, ou começa a se odiar, lembre-se que o Espírito de Deus está pronto e disposto a obrar em você. Deus pensa em você constantemente (Salmo 139:1-4). Devemos nos respeitar tanto quanto o Criador nos respeita.

O QUE ESTÁ POR TRÁS DO ABORTO HOJE?

Vidas (2 Crônicas 28:1-8-Tinha Acaz vinte anos de idade, quando começou a reinar, e reinou dezesseis anos em Jerusalém; e não fez o que era reto perante o Senhor, como Davi seu pai (2 Crônicas 28:1).

O ABORTO É UM PECADO CONTRA DEUS.

Tente imaginar a monstruosidade de uma religião que oferece criancinhas como sacrifícios. Deus permitiu que Judá sofresse pesados danos como consequência das maldades de Acaz. Esta prática perdura até os dias atuais. O sacrifício de crianças aos duros deuses da conveniência, economia e desejos fugazes continua em clínicas esterilizadas em quantidades que assombrariam ao próprio Acaz. Se quisermos permitir que crianças se se aproximem de Jesus, precisamos primeiro permitir que venham ao mundo. Diante do valor da vida humana concedida por Deus no ventre materno, o aborto provocado é crime praticado contra uma vida inocente e indefesa. O movimento feminista prega a mulher usar o corpo como dela, mas seu corpo é de Deus, que a criou.

Existem muitos casos em que a sociedade alega razões sem respaldo bíblico. Com exceção do caso em que a vida não é totalmente desenvolvida do bebê, como os anencefálicos (sem cérebro), constituindo uma grande ameaça (morte) para a vida plenamente desenvolvida da mãe, tudo possível ao Deus de milagres, não há motivo justificável na Bíblia.(Ex.21:22;Jó.3:16;Sl.139:13). Quem não tiver umbigo, que se habilite.

e) Planejamento Familiar-Ter ou não filhos, não é questão meramente biológica, mas que envolve fé, amor e obediência aos princípios de Deus para a família. Filhos são bênçãos do Senhor (Sl.127:3-5;128:3,4) e não devem ser evitados por razões egoísticas e utilitaristas. A limitação de filhos por vaidade é pecado; contudo, dependendo da vontade de Deus, a possibilidade do cuidado com os filhos (1Tm.5:8) deve ser observado. Ser irresponsável é ignorância e precisamos reter o bem (1Ts.5:21). O potencial do casamento é a paternidade que deve ser observada(responsável). Para usar o controle hormonal em problemas nos ovários à controle médico, medicação especializada deve ser consultada. OREM.

f) Sexualidade: Deus diferenciou macho e fêmea para seus propósitos e a sexualidade era normal. A estrutura física-emocional e instinto sexual para a reprodução é propósito de Deus no casamento. O sexo foi feito por Deus, mas a intimidade e interação sexual é privativa dos casados. A satisfação amorosa é incentivada. A lua-de-mel no A.T. durava 1 ano(Dt.24:5). O sexo deve ser exclusivo, monogâmico, alegre, natural e santo(sem aberrações ou bestialidades, etc.). O relacionamento envolve também a Deus que o ordenou; não é algo apenas biológico ou psicológico. Fornicação (envolve solteiros-Ap.21:8;Gl.5:19; 1Co.6:18) Adúlteros (casados-Mt.5:27;Mc.10:9;Rm.13:9;Pv.5:1-5); Prostituição (práticas pecaminosas sexuais - Dt.23;17; Pv.7:4-10; 1Co.6:15-18); Homossexualismo (envolvendo pessoas de mesmo sexo-Lv.20:13; 18:22; Dt.23:17,18; Gn.19:5; Dt.23:17;1Co.6:9,10); Masturbação(pecado por contrariar plano de Deus, egoísta e fantasioso)-não serão salvos se continuarem com a falta de santidade (Gn.38:9).

g) Divórcio: O divórcio primordialmente não tem aprovação de Deus, sendo apenas permitido em casos extremos. (Os.5:1-7). No A.T., o divórcio poderia ser pedido por motivos banais, a não ser por causa de virgem deflorada e mulher falsamente acusada de traição. O propósito da criação de dois sexos é a solidariedade, estabilidade e felicidade da raça humana, sendo os dois, uma só carne. Mas há casos, em que a convivência se torna uma verdadeira escravidão. Não deve partir do fiel a iniciativa da separação, mas se o cônjuge quiser, será feito. Somente pela infidelidade conjugal (sexual e moral, prostituição e adultério, é que o divórcio é aplicado, quando há grande desarmonia sem possibilidade de reconciliar. Cada caso é específico e não adianta estar"casado"sem amor.

h) Pena de Morte: Todos morrem; a vida é um dom divino que somente a Ele cabe conceder ou suprimir, sem que se configure crime. (Gn.20:13;Ex.21:12-16;Mt.5:17-22;Rm.13:1-4) No tempo de Noé a pena de morte foi vista como forma de frear a violência da civilização, mas na lei de Moisés ela foi regulamentada e ampliada. Nos Evangelhos, não houve suavização, tanto que Jesus se submeteu a ela, cumprindo toda a Lei. Na frase "não matarás", no original, trata-se de uma morte premeditada, deliberada, proposital e dolorosa. Na Bíblia ela é tratada (Mt. 5:21 ,22).Jesus ministrava ensinos de amor, justiça e paz como regra geral para seus seguidores. Ananias e Safira morreram pela aplicação da Pena Capital por Deus. Nas epístolas, quem resiste à autoridade, poderá morrer(Rm.13:1-4;Ec.8:11 ;ls.26:9-10). No princípio não existia argumento bíblico contra pena de morte ,aplicada em crimes sexuais, violentos e barbárie, mas existiam penas alternativas. Em casos extremos ela poderia ser moralmente permitida, mas não é ideal de Jesus Cristo. Nossa justiça deve ser temperada de amor; o ladrão da pena de morte, no fim de sua vida, se converteu e jesus o salvou na cruz, loevando-o ao paraíso. (é preferível a prisão perpétua.)

i) Eutanásia/Suicídio o término da vida provocado pelo homem deve basear-se nas Escrituras. (1Sm.2:6; Jó:2:7-10; Pv.31:6) - A concessão da vida é de seu proprietário(Deus). Não é de competência de o homem decidir o momento da vida ser extinta. O conceito da misericórdia dado à Eutanásia é equivocado porque implica em prestar socorro até o fim. Desistir da vida é não crer nos valores eternos. O suicídio é condenado porque é assassinato de um ser à imagem de Deus (Gn.1:17; Ex.20:1 3;Jo.10:10): devemos nos amar (Mt.22:39;Ef.5:29); é falta de confiar em Deus(Rm.8:38-39); devemos lançar em Deus e não na morte, nossa confiança (1Jo.1:7 e 1Pe.5:7). Nosso corpo é propriedade de Deus.

j) Doação de Órgãos-(Mt.7:12;Lc.6:38;At.20:35;1 Co.1 5:35-42;At.20:35) A doação de órgãos é um ato de amor e de solidariedade; o cristão deve estar sempre atento para a sua consciência, em parâmetros bíblicos para andar na reta justiça. Muitos argumentam receio de comercialização, discriminação social, integridade do corpo, esperança de milagre ou preocupação com a ressurreição para não doarem. Doação de órgãos em vida, como no caso de transfusão de sangue ou transplante de rins não deve ser objeto de reprovação, com ressalvas à consciência. No caso de órgãos de falecidos, deve-se respeitar sua vontade e à da família. Na ressurreição não há problemas-corpo é glorioso (Fp.3:21). Deus pode distinguir e manter separados dos outros corpos as partículas do pó de cada pessoa, sem mistura. (Ez.37:7-10).

k) Finanças-(1 Cr.29:12-14; 1Tm.6:9-10)-O cristão, como filho de Deus, recebe coisas, inclusive o dinheiro, que deve ser utilizado de maneira correta, sensata e temente a Deus para a Glória de seu nome. Temos que ser equilibrados, ganhando com práticas honestas e fugindo das práticas ilícitas. E lícito desfrutarmos dos benefícios que o dinheiro traz, mas não apegarmos à cobiça a qualquer custo para conseguir dinheiro. Podemos usar o dinheiro para dízimos, ofertas, no lar, no trabalho e em lazer. Evitemos dívidas fora do alcance, procurando comprar à vista, fugindo dos fiadores, pagando impostos e pagando justos salários como patrões. Avareza é idolatria; não se pode "comprar a Deus" com o dízimo. Além disso, deve-se haver economia doméstica, com liberdade moral e responsável, evitando conflitos, pois o dinheiro é de uso do casal.

l) Vícios-(Pv.23:31-32:Is.5:11,12:28:1-7)-Os vícios não transformam, levando à compulsão e ilusão, perdendo o senso da responsabilidade.

m) Política-(Rm.8:17;Hb.11:13;Pv.28:12,28)-Como cidadãos do Céu, temos o representante legítimo, o Espírito Santo. O aprisco do Senhor não é curral eleitoral. Como cidadãos da terra, precisamos influir nos destinos da nação. A política exerce influência em todas as áreas da vida; mesmo que o crente não seja militante, deve se informar, orar pelos eleitos e exercer sua cidadania, consciente de seus direitos e deveres. Devemos votar, mostrando a diferença como sal e luz (Mt.5:13,14), orando antes(Rm.14:23);não vendendo o voto, preferindo candidatos cristãos(com perfil do Reino), tendo exemplo de políticos sábios, como Daniel, José do Egito, Neemias. Mas há maus evangélicos. O Púlpito não deve ser usado para comício. A igreja (instituição) não pode se envolver. A política divide as pessoas. Precisamos combater a impiedade de projetos de leis de homens malignos. (Haja discernimento.)

9) UMA CARTA FINAL PARA VOCÊ ENTENDER O SENTIDO DO EVANGELHO DE JESUS CRISTO:

Jesus pregava reino de cura (Mt.4:23 e Mt. 9:35) O Evangelho de cura e ressurreição (Mt.11:5) sendo pregado no mundo para testemunho (Mt.24:14) mas João Batista foi preso por pregá-lo. (Mc.1:14) Necessita de fé e arrependimento (Mc.1:15) e quem negar-se por Jesus e Evangelho, se salva (Mc.8:35) O Amor deve ser maior que à família. (Mc.10:29) fomos mandados ir e pregar evangelho (Mc.16:15) Espírito Santo nos unge para evangelizar (Lc.4:18) como Jesus e os doze discípulos pregavam. (Lc.8:1) Muitos judeus desafiavam Jesus (Lc.20:1) mas nossa vida deve ser vivida para Deus (At.20:24) Não devemos nos envergonhar do Evangelho (Rm.1:16) pois um dia, Deus julgará os homens (Rm.2:16) Pregamos, mas nem todos obedecem. (Rm.10:15-16) judeus serão chamados à salvação (Rm.11:27-28) Temos que ser agradáveis aos outros (Rm.15:16) e o Espírito Santo fará sinais e prodígios (Rm.15:19) Temos que nos esforçar no evangelho (Rm.15:20) e seremos abençoados no Evangelho (Rm.15:29) Cristo nos revelará seus mistérios (Rm.16:25) O Evangelho é real e não apenas palavras (1 Co.1:17) Cristo nasce em nós, no evangelho (1 Co.4:15) e Deus cobrará dos que não anunciam. (1 Co.9:16) Não podemos abusar do evangelho (1 Co.9:18) e quem não conhece, está perdido (2 Co.4:2) Os incrédulos são cegos pelo diabo (2 Co.4:3) os irmãos louvam em várias igrejas (2 Co.8:18) A Prova de nossa submissão é o dar-se, (2 Co.9:13) agindo até os nossos limites (2 Co.10:14) em lugares que outros não foram. (2 Co.10:16) Somente o Jesus da Bíblia (2 Co.11:4) deve ser anunciado de graça (2 Co.11:7) não mudado depressa para outro evangelho (Gl.1:7); mesmo anunciado por um anjo ou espírito (Gl.1:8-9) O Evangelho não é criação de homens (Gl.1:11) pois fomos revelados (Gl.2:2) permanecemos na verdade (Gl.2:5) que Deus justifica pela fé aos homens (Gl.3:8) Mesmo com nossas fraquezas, (Gl. 4:13) ouvimos, cremos e receberemos o E.Santo (Ef.1:13) onde Deus nos traz a sua Paz (Ef.2:17) Somos participantes da promessa (Ef.3:6) como santos nas riquezas (Ef.3:8) sendo sacerdotes nas igrejas (Ef.4:11) preparados para falar dessa paz. (Ef.6:15) Abrimos a boca e falamos mistérios (Ef.6:19) cooperando desde o início até agora (Fp.1:5) amando os outros no coração (Fp.1:7) onde tudo coopera para o proveito (Fp.1:12) Por amor, defendemos o evangelho (Fp. 1:17) animados e dignos de ânimo e fé (Fp.1:27) com experiência, como filhos ao Pai (Fp.2:22) Homens/mulheres escritos no livro da vida(Fp.4:3) têm esta esperança nos céus (Cl.1:5) ficando firmes na fé (Cl.1:23) no evangelho de poder e muita certeza, (1 Ts.1:5) Combatemos erros, mesmo sofrendo (1 Ts. 2:2) agradando somente a Deus (1 Ts.2:4) comunicando com alegria (1 Ts. 2:8) não sendo pesado a ninguém. (1 Ts.2:9) Confortamos as pessoas na fé (1 Ts.3:2) avisando aos desobedientes (2 Ts.1:8) que para alcançar a glória de Deus (2 Ts. 2:14) e ser bem-aventurado, confiando. (1 Tm.1:11) Não devo me envergonhar de Jesus (2 Tm.1:8) pois Ele venceu a morte e deu vida (2 Tm.1:10) ressuscitando, conforme o evangelho. (2 Tm. 2:8) Temos que cumprir a obra de Jesus (2 Tm. 4:5) querendo e servindo (Fm.1:3) pois nos foi revelado e não aos anjos (1 Pe.1:12) sabendo que o evangelho é eterno. (1 Pe.1:25) Éramos mortos e recebemos apalavra, (1 Pe.4:6) pois breve os desobedientes serão julgados (1 Pe. 4:17) quando o juízo de Deus chegar. (Ap.14:6-7) Jesus amou o moço rico (Mc.10:21) enviado por Deus que amou o mundo (Jo. 3:16) e amou os seus até o fim na cruz. (Jo.13:1) Disse que amava os seus como o Pai (Jo.15:9) que ama o que crer em Cristo (Jo.16:27) fazendo-nos mais que vencedores (Rm.8:37) Sejamos "crucificados" em amor (Gl.2:20) neste Deus riquíssimo de misericórdia (Ef.2:4) andando em suave amor como Jesus (Ef.5:2). Jesus nos elege para a salvação; (2 Ts.2:13) e nos deu boa esperança de graça (2 Ts.2:16) Deus corrige o que ama e quer bem (Hb.12:6) e Ele mandou Jesus morrer por nós. (1 Jo.4:10) nos exige que nos amemos uns aos outros (1 Jo.4:11) pois nos amou primeiro, antes que nós (1 Jo.4:19) Jesus: fiel testemunha e primogênito (Ap.1:5) quer que sejamos zelosos e arrependidos Ap. 3:19) Deus tem algo preparado para nossas vidas (Mt. 3:3) tendo que ser batizados e beber seu cálice (Mt. 20:23) dignos de sua boda (nupcias) com a igreja (Mt. 22:8) Tenhamos a unção da luz em nossas vidas (Mt.25:10) para possuirmos a nossa herança preparada (Mt.25:34) cujos desobedientes malditos não receberão (Mt.25:41) Jesus se preparou para morrer, ungido (Mt.26:12) e antes, preparou a páscoa com os discípulos (Mt. 26:17) depois, sendo acusado pelos religiosos (Mt.27:62) Deus pedirá nossa alma a qualquer tempo (Lc.12:20) pois tudo já está preparado para a festa (Lc.14:1) e o Senhor nos foi preparar lugar (Jo.14:2) Ele virá brevemente para nos buscar para si (Jo.14:3) pois é o nosso rei e rei dos judeus, também. (Jo.19:4) mas o crucificaram com 2 ladrões no sábado. (Jo. 19:31) Jesus foi sepultado, mas ressuscitou. (Jo. 19:42). Pedro entendeu que ninguém é indigno (At.10:10) mas Deus suporta os que o rejeitam, ainda. (Rm.9:22) glorificando mais tarde, os obedientes. (Rm. 9:23) Deus nos preparou o que não conhecemos (1 Co.2:9) mas temos que nos preparar para a batalha (1 Co. 14:8) preparados pelo Espírito Santo que nos rege. (2 Co.5:5) Somos como uma virgem pura para Cristo (2 Co.11:2) criados por Jesus para praticarmos boas obras (Ef.2:10) santificados, purificados e idôneos para Deus (2 Tm.2:21) Assim, nos sujeitemos aos líderes e mestres (Tito 3:1) orando sempre em união conjunta (Fm.1:22) como a tenda de Deus no Antigo Testamento (Hb.9:22) Esses sacrifícios eram preparados para Deus (Hb.9:6) mas Deus não quer mais sacrifícios de animais (Hb.10:5) mas preparou a arca, Jesus, de Salvação e fé (Heb.11:7) O Senhor preparou uma cidade celestial (Hb. 11:16) essa é a razão da esperança que há em nós (1 Pe.3: 15) mas os que forem rebeldes não se salvarão. (1 Pe.3:20) pois todos os mortos serão julgados (1 Pe.4:5) Jesus nasceu para nos salvar dos pecados (Mt. 1:21) mas precisamos confessar e sermos batizados (Mt.3:6) para que nossos pecados sejam perdoados (Mt. 9:2) pois o mais fácil é Jesus nos perdoar (Mt.9:5) Ele chama pecadores ao arrependimento (Mt.9:13) seu sangue derramado nos redime dos pecados (Mt.26:28) mas não podemos nos envergonhar dEle (Mc.8:38) Jesus morreu e ressuscitou ao terceiro dia (Lc.24:7) seu nome se prega o perdão e arrependimento (Lc.24:4) como Cordeiro de Deus que tira o pecado (Jo. 1:29) e quem não crer, morrerá nos pecados (Jo. 8:24) Quem ouve o Evangelho, não tem desculpas (Jo.15:22) O Espírito Santo convence do pecado, justiça e juízo (Jo.16:8) e quem se converte o pecado é perdoado (At.3:19) pois ninguém é justo pelas obras praticadas. (Rm.3:20) Devemos "morrer" para o pecado (Rm.6:11) obedecer à doutrina que nos foi dada a saber (Rm.6: 1) pois o salário do pecado é morte para almas (Rm.6:23) e o pecado guerreia dentro de minha carne. (Rm.7:23) Confessamos o Senhor e fomos salvos (Rm.10:9) assim, louvemos ao Senhor na Igreja (Hb.2:12) não deixando de vir à Igreja (Hb.10:25) lembrando sempre dos pastores (Hb.13:7) Assim, recebamos a Palavra exortada (Hb.13:22) não apenas como ouvintes, mas cumprindo (Tg.1:23) tendo novo nascimento pela Palavra ouvida (1 Pe.1:23) poiso que recebemos de Deus é eternidade. (1 Pe.1:25) Viver agradável a Deus é o culto Racional (Rm. 12:2)

LEMBRETE_FINAL: (Ap.22:18);

"Portanto declaro a todos os que ouvem as palavras da profecia deste livro: se alguém lhes acrescentar algo, Deus lhe acrescentará os flagelos descritos neste livro"

Conclusão.

A salvação é pregada aceite quem quiser, saiba, portanto que Deus vai exigir de cada um o justo passaporte para a entrada celestial.

REFERÊNCIAS BIBLIOGRÁFICAS

ANKERBERG, John & WELDON, John. Criação e Evolução. Porto Alegre: Chamada da Meia Noite, 1995.

_______. Os fatos sobre os anjos. Porto Alegre: Chamada da Meia Noite, 1995.

AQUINATIS, S. Thomae. Suma Theologie. Marietti Editor Ltda., 1952, Romae-Italy.

AQUINO, Tomás de. Suma Teológia, Volume II, São Pulo: Edição Loyola, 2002.

ARCHER, Gleason. Enciclopédia de Dificuldades Biblicas. Editora Vida, 1998, São Paulo –SP.

ARISTÓTELES. Metafísica de Aristóteles, Edición Trilingüe (Valentín Garcia Yebra Editor). Madrid: Editorial Gredos, 1999.

BALZ, Horts & SCHNEIDER, Gerhard. Dicionário Exegético Del Nuevo Tesatamento. 2ª.ed., 2 vols.Salamanca, España: Ediciones Sigueme, 2001

BANCROFT, E. H. Teologia Elementar, Imprensa Batista Regular, Rio de Janeiro 1998.

BAUMGARTNER, Koehler. The Hebew & Aramic Lexion of the old testament,2 vols Leiden/Boston/Köln: Bril, 2001.

BERARDINO, Angelo di. Dicionário Patrístico e de antiguidade Cristã. Petrópolis RJ/São Paulo:Editora Vozes/Paulus, 2002.

BERKHOF, Louis. Teologia Sistemática Campinas: Luz Para o Caminho, 1990.

_______. História das Doutrinas Cristã, São Paulo, 1992, PES.

_______. Manual de Doutrina Cristã, Patrocínio-MG, 2ª Edição, 1992

CABRAL, E. Romanos, Rio de Janeiro: CPAD, 2003.

CALVINO, João. As Institutas ou Tratado da Religião Cristã, 4 vols. 2ª Edição. Ed. São Paulo: Casa Editora Presbiteriana, 1985.

CARLSON, Raumond G. Salvation- What the Bíbles Teaches, GPH, MO-USA.

CHAFER, Lewis Sperry. Teologia Sistemática, 4 vols. São Paulo: Hagnos, 2003.

Systematic Theology. Dallas Seminary, TX-USA. Versiculo por Versiculo.

CHAMPLIN, R.N. *O* Novo Testamento interpretado- Editora Milenium. Vol. l: M T 2.1-12, 1982 . *O* Novo Testamento interpretado – Versículo por Versiculo. Editor a Candeia, Sã Paulo-SP. Enciclopédia de Biblia, Teologia e Filosofia. Editora e Dis tribuidora Candeia, 4! ed., 1997, São Paulo-SP.*O*Antigo Testamento Interpretada- Versiculo por Versiculo. CPAD, HAGNOS, 2! ed., 2001, Rio de Janeiro-RJ.

COSTA, Samuel. Psicologia Pastoral. Editora Silva costa, 2005, Rio de Janeiro-RJ. Psícoteologia Geral. 2¡ ed., janeiro de 2005, Rio de Janeiro-RJ.

ERICKSON, Millard J. Introdução *à* Teologia Sistemática. Edições Vida Nova, 1! ed., 1997, reimpressões 1998, 1999, 2000, 2001, 2002, 2005, São Paulo-SP.

EVANS, William. The Great Doctrines of the Bible. Moody Press, Chicago-US A.

FRANCISCO, *Waldomiro.* A Doutrina dos Anjos *e Demônios. Estudo exegético* acerca dos anjos e *demônios* à luz das Escrituras. CPAD, 2005, Rio *de* Janeiro-RJ.

FRODSHAM, Stanley *H.* With Signs *Following.* Gospel Publishing *House,* Springfi eld, MO-USA. *GRUDEM,* W. Manual de Teologia *Sistemática Editora* Vida, 1!. Edi ção, 2001.

***HANEGRAAF,* Hank. Cristianismo em *Crise,* 1990, Rio de *Janeiro,* CPAD. A *Arm adura* Espiritual. *O* plano *de* Deus para *proteger você do mal.* CPAD, 2005, Rio *de* Janeiro-RJ. *Ressurreição.* Rio *de* Janeiro:CPAD, 2005.**

HENDRIKSEN, *William. Comentários do* Novo Testamento - Filipenses. São *Paulo:* Casa Editora Presbiteriana, 1992.

HENRY, Mathew. Classic Sermon *Outlines. Hendrickson Publishers,* 2001. *Second* printing november 2002, Peabody, Massachusetts-USA. .*Comentário Bíblico, Ed.C LIE,* 1999

HIPÓUTO. Refutação *de Todas* as Heresias e Homilia Sobre a Heresia *de* Noeto.

ROBERTS, Alexander, D.D. *& DONALSON,* LL.D. Ante-Nicene *Fathers,* 10, *v ols. Massachusetts,* USA: *Hendrickson Publishers,* 1994.

HODGE, Charles. Teologia *Sistemática. HAGNOS,1! ed.* Março de 2001, *reimpress ão* julho *de 2001, agosto* de *2003, São Paulo-SP.*

HOLIADAY, *Willia L*A Concise Hebrew and Aramaic Lexicon *of* the Old *Testame nt, Eerdmans, Grand* Rapids, Michigan, *USA,*19.

*HOLLOMAN, Henry.*O Poder da Santificação, 2003, Rio *de* Janeiro, CPAD.

HORDERN, William E. Teologia *Contemporânea, Hagnos, São Paulo,* SP, 2004.

HORTON, Stanley M. & *MENZ\ES,* William *W.* Doutrinas *Bíblicas* - uma perspect ive pentecostal. Rio de Janeiro: CPAD, *1995.*

HORTON, Stanley *M.,* Teologia Sistemática, Rio de Janeiro: *CPAD,* 1996.

JOHNSON, Phillip E. *Ciência,* Intolerância *e* Fe'. *Viçosa:* Editora *Ultimato,* 2004.

KEEFAUVER, Larry. O Poder dos *Anjos.* Editora *Atos, 2004,*Belo Horizonte- MG. *KEENER,* S. Craig. Comentário Biblica *Atos,* Novo *Testamento,* 2004, Editora A tos Ltda, Belo *Horizonte,* Minas Gerais. *KELLY,* J.N.D. Doutrinas Centrais da *Fe' Cristã,* São *Paulo, 1994,* Edições *Publicações,* 2005.

MENZIES, VlfiIliam *W.* Doutrinas Bíblicas. Uma *perspectiva pentecostal .CPAD,*19 95, Rio *de* Janeiro-RJ.

MORRIS, Henry *M.* A Biblia e a Ciência Moderna. *S.* Paulo: Imprensa Batista *Re gular,* 1965. *0* enigma das origens – *a* resposta. San *Diego-Califórnia:* ABPC, 19

74.

MOUNCE. William D. Basics *of* Biblica! Greek - Grammar. Grand Rapids, Ml, *USA:* Zondervan Publishing House, 1993. MUUER, *HJ.* Radiation *damage* to the *genetic* material. American Scientist, Vol *38 (Rio de Janeiro* de 1950 *apud* MORRI S, Henry M. *O* enigma das origens. San *Diego-* Califómia: ABPC, 1974.

MULLER, Richard *A* Dictionary *of Latin* and Greek Theological Terms. Grand

Rapids, Ml, *USA:* Baker Book House, 1993.

NEISON, Wilton *M.* Nuevo Diccionario *Ilustrado* de la Biblia. Nashvile, *TN/*Miam, *FI., USk* Editorial Caribe, 1998. ~. Nuevo *Diccionario* Ilustrado de La Bíblia. Edito rial Caribe, 1998, printed *in USA.*

OUVEIRA, Raimundo Ferreira *de. As* Grandes Doutrinas da Biblia, Rio de Janei ro, 1987, C*PAD.* Anjos. I- homem *e* Pecado. *O* relacionamento das criaturas *com o* criador. EETAD, *4!* ed., 2031, Campinas - *SP.* PACKER, *2004,* Peabody, Massach usetts, USA. *SPANGLER, Ann. Encontros com* Anjos. *Editora Vida,* 1996, *São* Pa ulo-SP.

STRONÇS, Augustus H. Teologia Sistemática. *S.*Paulo: *Editora* Teológica, *2002.*

TASKER, R.V.G. Comentários Biblicos do Série *Cultura* Biblica, *20* volumes, Ediçõ es *Vida* Nova, 1! ed., 1980, reimpressão 1982, 1988, 1991, 1999, *2005,* São Pa ulo-SP.

TAYLOR, Richard S. *Diccionario* Teológico *Beacon. Kansas* City, M0, USA: *Casa*

Nazarena de Publicaciones, *1995.*

THAYER, Joseph Henry. A Greek-English *Lexicon* of the *New* Testament. Grand Rapids, *Ml,* USA: Zondervan Publishing *House,*1991. VÁRIOS. Teologia *Sistemáti* ca Pentecostal. Rio de Janeiro: *Casa* Publicadora das *Assembléias* de *Deus, 2008.*~. Catecismo na *Igreja* Católica. Editora *Vozes, Paulinas,* Edições Loyola, *Editora* Ave -Maria, 1993, *São* Paulo-SP. ~. *Guia Prático de* Missões *EMAD,* CPAD.

WEBBER, Marilyn *Carlson e* outro. Anjos. *Quem São?* Onde Vivem? 0 que *Fa zem? Editora Vida, 1997, São* Paulo-SP.

YOUSSEF, Michael. Conheça *o* seu *Real* Inimigo. As estratégias de Satanás *e* as *su tilezas de* seus *ataques. CPAD, 2005,* Rio de Janeiro/RJ. Prínting *J.* Teologia concisa, Editora Cultura Cristã, *Campinas,* SP, 1999.

PEARLMAN, Myer. Conhecendo Doutrinas da Bíblia, *as Emprevan,* 1968.

PENTZ, Craft M. *Oudincs* the Holy Spirit, Baker *on* Book House, *fourteenth* janu ary *1999.*Grand Rapids, *Michigan-USA.* PFEIFFER, *F.*Charles. Comentário Biblic a Moody, São Paulo, SP, 1991, Imprensa Batista Regular.

PLATÃO. A República. São Paulo: Martin Claret, 2002.

PRATNEY,\Mnkie A, A Natureza *e o* Caráter de Deus, Editora Vida.

RIENECKER, Fritz 8: *ROGERS,* Cleon. Chave Lingüística do *Novo* Testamento *Grego.*Trad. Gordon *Chown.* Edições Vida Nova, São Paulo: 1995.

ROBERTS, *Alexander, DD* & *DONALSON,* LLD. *Tertuliano* Contra Ante-Nicene Fathers, 10, vols. Massachusetts, *USA: Hendrickson Publishers,* 1994.

ROBERTSON, A.T. mágenes Verbales el Nuevo Testamento, *em tomas* Barcelona, España: Editorial Clíe, *1990.*

SCHAFF, *Philip.* The *Creeds of* Christendom, *3* vols. Grand Rapids, *Mich igan,* USA: Baker Books, 1993.

SHEDD, *R.P.0* Nava Dicionário *da* Biblia, 3vols. São Paulo: *Edições* Vida Nova, 1981.

SILVA, Severino Pedro da. *A* Doutrina Biblica dos *Anjos.* Estudo sobre *a natureza e* ofício dos seres *celestiais.* CPAD, 13¡ *ed.,* 2004, *Rio* de *Janeiro-RJ.*3, *jan uary* .